PROJET
DE CODE NOIR

POUR

LES COLONIES FRANÇAISES.

PRÉSENTÉ

A SON EXCELLENCE LE MINISTRE DE LA MARINE,

PAR AUG^TE BILLIARD.

PRUDENCE ET HUMANITÉ.

A PARIS,
CHEZ BRIÈRE, LIBRAIRE,
RUE SAINT-ANDRÉ-DES-ARTS, N° 68.

1829.

Nota. On n'a fait imprimer qu'un petit nombre d'exemplaires pour les personnes qui s'occupent de cette matière.

DE L'IMPRIMERIE DE A. FIRMIN DIDOT,
RUE JACOB, N° 24.

A Messieurs

les Membres du Conseil Général

de l'Ile de Bourbon.

Messieurs,

L'Hommage que je vous adresse vous est acquis à double titre. De toutes les Colonies Françaises, l'île de Bourbon est celle où l'on s'occupe le plus des moyens d'améliorer la condition des hommes de couleur. Chaque année le procès verbal de votre session se fait remarquer par des vues généreuses. L'exemple que vous donnez sera sans doute suivi par les Colonies d'Amérique, pourvu qu'un zèle irréfléchi, ou de fausses mesures ne s'opposent pas au bien qu'on y voudrait faire.

Le projet de Code noir que je vous présente, et que je n'ai la pensée d'imposer à personne, m'a été inspiré par vos Compatriotes et par vous-mêmes, pendant un séjour de quatre années à l'île de Bourbon (1). Etranger à la Colonie, elle avait bien voulu m'adopter en m'honorant de ses suffrages pour sa députation à Paris. Le souvenir de cette adoption ne s'effacera jamais de mon coeur; elle est votre second titre à mon hommage. Depuis long-temps mes voeux et mes travaux ont pour objet la prospérité des Colonies. Les sentiments qui m'ont animé ont leur source dans ma gratitude, dans mon amour pour notre chère île de Bourbon. Puissé-je, avant de mourir, revoir ce beau ciel sous lequel j'ai passé d'heureux jours! Puissé-je revenir au milieu de ces aimables et bons habitants, qui trouveront toujours un zélé défenseur et un ami véritable dans votre tout dévoué

Aug. Billiard.

Paris, 1829.

(1) De 1816 à 1820.

PROJET
DE CODE NOIR

POUR

LES COLONIES FRANÇAISES.

Prudence et Humanité.

OBSERVATIONS GÉNÉRALES.

On ne peut contester le besoin d'une meilleure législation pour les hommes de couleur des Colonies françaises. Les dispositions du Recueil d'ordonnances connu sous le nom de *Code noir* sont la plupart insuffisantes : il en est d'une inconcevable libéralité (1), d'autres d'une barbarie révoltante; beaucoup sont tombées en désuétude. Le défaut capital de ces lois d'un autre siècle est l'absence de toute espèce d'encouragement pour l'amélioration graduelle de la

(1) Il n'est pas ici question de la facilité d'affranchir, mais de quelques dispositions relatives aux esclaves, et dont l'apparente libéralité n'est aucunement dans leur intérêt.

condition des esclaves. Elles n'indiquent que des moyens imparfaits pour les rendre libres ou plutôt dignes de la liberté. On croit que les habitants des colonies se prêteraient avec répugnance aux changements qu'on voudrait faire à cet ancien édifice. En parler seulement les épouvante; d'où l'on conclut qu'il est dans leur nature de ne pas comprendre leurs intérêts, d'être sourds à la voix de l'humanité.

Le séjour que j'ai fait aux colonies m'a appris que si l'on y rencontrait de mauvais maîtres, on y trouvait, comme partout ailleurs, des cœurs nobles et généreux. La résistance qu'elles opposent ou l'irritation qu'elles éprouvent, au lieu d'avoir pour cause un mauvais cœur, un défaut d'intelligence, ne proviendrait-elle pas de la nature des remèdes qu'on propose aux maux qui les affligent?

On a demandé, pour ou plutôt contre les colonies, l'application des mesures adoptées par la Grande-Bretagne, ou d'autres moyens arbitraires, sans réfléchir qu'on ne forçait point les hommes à bien faire, qu'il était plus sage de les y encourager. La défiance est une injure qu'on n'a point épargnée aux colonies. C'est pour elles aussi qu'on a multiplié les tracasseries administratives; leur commerce est engagé dans des entraves dont il n'est pas encore question de le débarrasser; enfin beaucoup d'imprudences ont été commises au nom de l'humanité. Aussi, les habitants des colonies les regardent comme un lieu de passage, n'aspirant qu'au moment où ils pourront s'embarquer pour des pays où ils trouveront plus de confiance et de sécurité.

Nos possessions d'outre-mer réclament une administration simple et généreuse; on ne saurait trop tôt les affranchir du tribut qu'elles paient à notre ignorance et à notre incapacité.

Le régime exclusif les a isolées de l'univers entier. Au lieu de les mécontenter par des exceptions injurieuses, il est de notre intérêt de les faire participer, autant qu'il sera possible, aux biens dont nous jouissons nous-mêmes (1). N'espérons aucun résultat dont le cœur soit vraiment satisfait, si on ne leur montre un avenir exempt d'orages. De quelque ardeur qu'on se sente enflammé pour la cause de l'humanité, consultons les habitants des colonies avant de rien entreprendre: adressons-nous à-la-fois à leur cœur, à leur amour-propre, à leur intérêt; qu'ils deviennent les instruments de tout le bien qu'on voudrait opérer.

En présentant aux colonies un *Projet de nouveau Code noir,* ma pensée n'est pas qu'il leur soit imposé. J'avais demandé au ministère de la Marine que ce travail fût préalablement examiné par les hommes les plus éclairés en matière d'économie coloniale, pour être soumis ensuite, par un commissaire envoyé aux colonies, à la discussion secrète de leurs conseils d'administration et de leurs conseils-généraux (2). J'ignore si l'on donnera suite à cette proposition accueillie d'abord avec quelque faveur. Le travail que je publie devait être plus parfait; mes intentions feront excuser les erreurs que j'ai pu commettre, et qu'un examen éclairé eût fait disparaître.

Le Projet de Code noir est le fruit de douze années d'ob-

---

(1) Voyez les *Observations sur le commerce et l'administration des colonies,* Appendice n°s 1 et 2.

(2) J'avais fait observer qu'à raison de l'éloignement, on n'en finirait jamais par correspondance, et qu'il serait beaucoup plus aisé de s'entendre au moyen d'un commissaire.

servations et d'études: rien n'y est légèrement avancé. Il est le complément de plusieurs autres ouvrages (1) sur cette matière importante, particulièrement d'un Mémoire présenté à la Société de la morale chrétienne, qui avait ouvert un concours pour l'amélioration de la condition des esclaves, et l'abolition graduelle de l'esclavage dans les Colonies françaises (2).

La Société de la morale chrétienne a reconnu que les moyens développés dans le mémoire et reproduits d'une manière plus précise dans le Projet de Code noir mis également sous ses yeux, étaient préférables à l'impérieuse philanthropie du gouvernement britannique.

Le bien ne saurait se faire partout avec une égale facilité. Nos colonies, qui diffèrent entre elles, ne ressemblent point aux établissements étrangers, qu'on ne peut toujours prendre pour modèle. Telle amélioration possible à Bourbon ou à Cayenne n'est peut-être pas encore praticable aux Antilles. Mais, avec de la prudence et des institutions généreuses, on arrivera partout aux mêmes résultats. C'est ce qu'on a prévu dans le Projet de Code noir, qui ouvre une voie aux améliorations successives que le temps doit partout opérer dans la condition des Blancs, comme dans celle des Africains.

---

(1) *Voyage aux Colonies orientales*, ou Lettres écrites à M. le comte de Montalivet des îles de France et de Bourbon pendant les années 1817, 1818, 1819 et 1820, etc., etc., 1 vol. in-8°. *Mémoire sur l'abolition de la traite et de l'esclavage*, 1828, 1 vol. in-8°.

(2) Le prix a été partagé avec M. Amand Dufau, qui s'est particulièrement livré à des recherches historiques et à des considérations philosophiques d'un grand intérêt sur l'esclavage et ses effets dans les diverses colonies d'Amérique.

On n'a point imprimé le Mémoire, qui formerait un demi-volume ; mais chaque titre, section ou article du Projet de Code noir, sera, au besoin, accompagné d'observations explicatives. Ce Projet se divise en trois titres principaux. Le premier est relatif aux esclaves, le second aux serfs, le troisième aux affranchis. L'état de serf, ou la servitude de la glèbe est proposée comme intermédiaire entre l'esclavage et la liberté. Cela ne veut pas dire qu'on serait obligé d'attacher à la glèbe l'esclave qu'on voudrait affranchir. Sans les y contraindre, on encourage les cultivateurs des colonies à employer ce moyen pour rendre plus praticable le passage de l'esclavage à la liberté.

ARTICLE PREMIER.

Les hommes de couleur des Colonies françaises se divisent en trois classes : les affranchis, les serfs, et les esclaves.

TITRE PREMIER.

DES ESCLAVES.

CHAPITRE PREMIER.

DU COMMERCE DES ESCLAVES.

SECTION PREMIÈRE.

DU COMMERCE EXTÉRIEUR OU DE L'IMPORTATION DES NOIRS DANS LES COLONIES FRANÇAISES.

Observation. Les Noirs enlevés à la traite ne sont considérés, dans le Projet, ni comme esclaves, ni comme destinés à l'esclavage; on ne devait peut-être pas les comprendre dans le titre des esclaves. S'ils s'y trouvent placés, c'est à raison du commerce qu'on en voudrait faire.

On m'a fait observer qu'il existait une loi pour la répression de la traite, qu'aux Chambres seules appartenait le droit de la modifier sur la proposition des ministres. L'observation est juste; mais si cette loi ne répond qu'imparfaitement aux vœux de l'humanité, qui empêche de soumettre à la sanction législative les changements qu'il est indispensable d'y faire? Ainsi corrigée, elle se rattacherait aisément au Code noir, dont elle formerait le premier chapitre.

On a demandé des peines plus rigoureuses contre les auteurs de la traite, et qu'elles atteignissent les armateurs aussi bien que les capitaines. Dans ce genre de spéculation, l'armateur est ordinairement le plus coupable. Mais qu'arriverait-il, si, par exemple, la peine des travaux forcés était infligée à l'armateur et au capitaine? Ce dernier passerait toujours pour propriétaire du bâtiment : un seul, dans le cas de peine égale, s'exposant à répondre pour tous.

Le but de tout législateur doit être de rendre, autant que possible, les lois profitables à ceux qu'elles sont chargées de protéger. En punissant les auteurs de la traite, ne doit-on pas tendre une main secourable aux Noirs délivrés? A cet égard, la loi actuelle n'a rien prévu. Sans doute on dira qu'elle n'avait point à s'occuper de ces malheureux, et que l'administration viendra naturellement à leur secours. Mais sans argent, que peut-on faire? Employés comme esclaves aux travaux publics, les Noirs saisis ont une condition plus misérable que les Nègres des habitants. On s'occupe, il est vrai, d'améliorer leur état; on fera beaucoup mieux si l'on a pour cela les ressources nécessaires.

Comment atteindre ce double but, la punition des coupables, et le moyen de secourir les Noirs délivrés?

Distinguons d'abord si, pour une part quelconque, le capitaine est intéressé dans l'armement du navire ou dans la traite, ou bien s'il n'a que le commandement du navire sans avoir aucun intérêt dans l'opération.

Le capitaine mérite assurément une peine plus sévère, s'il fournit à-la-fois ses capitaux et son industrie pour un commerce coupable. Dans le second cas, ce ne sera peut-être qu'un malheureux poussé par une affreuse nécessité, et pour qui la loi ne doit pas être si rigoureuse.

La peine des travaux forcés serait avec raison infligée au capitaine intéressé dans la traite; celle d'un emprisonnement de cinq à dix ans suffirait contre le capitaine sans intérêt dans l'opération.

Quant aux armateurs, quel que soit leur crime, mon avis ne serait pas de les condamner aux travaux forcés. Dans l'intérêt des Noirs délivrés, il me semble plus avantageux de condamner solidairement les armateurs et leurs complices, sans en excepter le capitaine, au paiement d'une amende déterminée par tête de Noir qu'on aurait introduit ou tenté d'introduire. Le plus cruel châtiment de l'avarice est d'en exiger de l'or, puisque c'est de l'or qu'elle veut avoir en faisant le commerce des esclaves.

Cette législation ne peut avoir que des résultats avantageux. En effet, quel capitaine s'exposera à paraître avec la double qualité de propriétaire et de commandant du navire, puisque les travaux forcés seront le châtiment auquel il doit s'attendre? Il aura toujours entre les mains une sauve-garde, une déclaration de ses armateurs ou assureurs, qui s'obligeront au paiement de l'amende. Quant à l'emprisonnement, à défaut de paiement, il ne sera point de capitaine assez généreux pour en dispenser ses armateurs, en se réservant pour lui-même le plaisir d'aller aux galères.

La rigueur de la loi n'est donc pas ce qui la rendra plus utile ou plus efficace : on doit, avant toute chose, considérer l'avantage qu'on en peut retirer pour la cause de l'humanité.

D'ailleurs ne faisons pas de lois devant lesquelles reculeraient les magistrats : ce serait le moyen de rendre les infractions plus nombreuses. Sans doute on dira qu'il faut donner aux colonies des tribunaux d'exception, des juges amovibles, étrangers à la population coloniale. C'est ne remédier au mal que pour en causer un beaucoup plus grand.

La métropole a raison d'envoyer aux colonies des magistrats intègres et éclairés; mais la plus belle des causes n'a besoin d'aucune invention de l'arbitraire. Sans qu'on cesse d'avoir une juste rigueur, si les peines contre les Négriers peuvent en partie se résoudre en amendes, il est certain que les juges n'hésiteront pas à les appliquer. Il est dans le caractère des Créoles de ne jamais plaindre celui qu'on met à contribution pour s'être laissé prendre. La surveillance de l'administration deviendra plus active, si les châtiments à infliger ne lui semblent pas trop sévères, et surtout si l'on parvient à convaincre toutes les colonies que la répression de la traite est pour elles un véritable bienfait.

§ Ier.

DISPOSITIONS GÉNÉRALES.

ART. 2.

Il est défendu, sous les peines qui seront ci-après déterminées, d'importer dans les Colonies françaises des Noirs destinés à l'esclavage. Ne sont pas compris dans cette disposition les esclaves portés de colonie à colonie française. L'origine des esclaves qui passeront d'une colonie dans une autre sera justifiée par certificat de la Douane.

ART. 3.

Les esclaves appartenant aux colonies étrangères ne pourront être introduits dans les Colonies françaises. Les Noirs domestiques accompagnant leurs maîtres, ou ceux qui servent en qualité de matelots, pourront être débarqués dans lesdites colonies après que déclaration en aura été faite à la Douane, à condition qu'ils seront embarqués au départ du maître ou du navire.

On conçoit que, si l'introduction des Noirs provenant des colonies étrangères était permise, on pourrait de cette manière faire entrer des Noirs de traite dans nos établissements.

ART. 4.

Les esclaves matelots ou domestiques ne séjourneront pas plus de six mois dans les Colonies françaises, à moins d'autorisation expresse du gouverneur sur la demande des capitaines ou propriétaires. L'autorisation indiquera la durée et les motifs du séjour accordé. Les esclaves qui ne seraient pas autorisés à séjourner dans la colonie deviendront la propriété du gouvernement, et seront employés dans ses ateliers.

ART. 5.

Les Nègres portés par des bâtiments appartenant à des princes de la côte d'Afrique seront saisis, ainsi que le navire, s'ils sont rencontrés dans les parages des Colonies françaises, à moins qu'on ne prouve que l'intention n'était pas de faire le commerce des esclaves. Les capitaines seront condamnés aux mêmes amendes que les capitaines français. L'amende sera double en cas de récidive.

L'exemple de Noirs importés par des bâtiments appartenant à un prince de Madagascar s'est déja présenté. Le mot de *parages,* employé dans l'article, est peut-être trop vague. C'est par cette raison qu'on a ajouté ces autres mots : *à moins qu'on ne prouve que l'intention n'était pas de faire le commerce des esclaves.* On ne saurait infliger une peine infamante au capitaine africain qui exporte des Noirs d'un pays où l'esclavage est établi.

ART. 6.

Les traités de la France avec les puissances étrangères détermineront les mesures générales à prendre, dans l'intérêt de chacune, contre le commerce des esclaves.

ART. 7.

Seront saisis tous navires français ou étrangers que l'on reconnaîtra destinés à la traite, avant ou après leur départ des ports de France ou des Colonies françaises.

ART. 8.

Les dispositions faites dans l'intérieur du navire, la nature des approvisionnements, les chaînes et les autres fers, ainsi que les ustensiles ordinairement employés pour la traite, les assurances commises et tous autres renseignements puisés dans la correspondance, ou obtenus suivant les formes légales, serviront à établir la preuve de l'intention de faire le commerce des esclaves.

ART. 9.

Si la preuve n'est pas complète, le tribunal pourra exiger, soit des capitaines, soit des subrécargues et armateurs, l'affirmation que le navire n'est pas destiné à la traite. S'ils affirment, mention sera faite de l'affirmation sur les papiers du navire; s'ils refusent, mention du refus sera également faite, et ils seront en outre condamnés aux dépens de l'instance. Dans le cas de contravention, pendant la durée du voyage, les peines et amendes seront doubles. La vente volontaire du navire pendant le voyage ne déchargera pas l'armateur de sa responsabilité.

Voyez, pour ce qu'on entend par voyage d'un navire, l'article 194 du Code de commerce.

ART. 10.

Les Noirs de traite ne seront saisis qu'en mer ou au littoral des colonies. On ne pourra les saisir dans l'intérieur des terres qu'autant qu'ils n'auront pas été perdus de vue, sans préjudice des mesures de répression dont il sera parlé dans ce chapitre à la section qui traite de la vente, et dans le chapitre du Recensement des esclaves (art. 32 et suivants).

Il existe au rivage des colonies une lisière de terrain ou réserve pour le service militaire, connue sous le nom de *Pas géométriques*. A moins d'avoir suivi les Noirs, il doit être défendu à la Douane de franchir cette lisière pour les atteindre. Il serait malheureux sans doute que la Douane ne pût aller plus loin, s'il n'était d'autres moyens de retrouver les Noirs échappés aux surveillants du rivage. Les perquisitions de la force armée ou de la Douane dans l'intérieur des terres sont comme des traînées de poudre qu'on répand dans les colonies. Les innocents seraient exposés à payer pour les coupables. On ne parviendra, répétons-nous, à faire quelque bien aux colonies qu'en leur donnant beaucoup de sécurité. Les Anglais eux-mêmes évitent ces perquisitions; ils y suppléent par l'enregistrement des esclaves. Ce dernier mode n'est pas celui que nous aurons à proposer.

§ II.

DES PEINES A INFLIGER AUX NÉGRIERS, ET DES TRIBUNAUX QUI ONT A LES APPLIQUER.

ART. 11.

Le capitaine reconnu coupable d'avoir fait la traite sera dégradé. Il ne pourra, à quelque titre que ce soit, reprendre du service sur les bâtiments du commerce français. Il sera en outre condamné à un emprisonnement de 5 à 10 ans, s'il est reconnu qu'il n'a aucun intérêt dans le navire et dans la traite.

Sans cette disposition qui interdit au capitaine de reprendre du service, il pourrait, quoique dégradé, être employé en qualité de subrécargue à faire de nouveau le commerce des esclaves.

ART. 12.

La peine des travaux forcés de 5 à 10 années sera prononcée contre le capitaine qui aura pris une part dans le navire ou dans les produits de la traite. La même peine sera infligée aux officiers, matelots et subrécargues qui auraient un intérêt dans l'opération.

La gradation dans les peines portées aux articles 11 et 12 est commandée par la différence du délit, ainsi qu'on l'a expliqué dans les observations générales sur la traite.

ART. 13.

Sera puni de mort le capitaine ou toute autre personne du navire qui, dans la traversée ou au débarquement, aura tué des Noirs, ou les aura fait jeter vivants à la mer.

ART. 14.

Les armateurs et assureurs, les capitaines, subrécargues, consignataires, et tous ceux qui auraient concouru à la traite, seront solidairement, et par corps, condamnés au paiement d'une amende de mille francs par tête de Noir qu'on aurait introduit ou tenté d'introduire.

L'amende sera double en cas de récidive.

Ainsi qu'on l'a déja expliqué, le recours donné à la justice contre *tous les complices* de la traite, pour le paiement d'une amende de mille francs par tête de Noir, moins rigoureux qu'une peine afflictive ou infamante, est cependant beaucoup plus avantageux à la cause de l'humanité. Le nombre des personnes responsables de l'amende en rendra le recouvrement plus certain et plus facile.

Le consignataire peut ignorer que le navire a été employé à la traite; dans ce cas, qu'il soit tenu de prouver qu'il n'a aucune connaissance du délit. Ces mots *tous ceux qui auraient concouru à la traite* demandent aussi une explication. On veut parler principalement de ceux qui ont aidé au débarquement des Noirs ou qui leur ont donné asile.

Quant aux assureurs, s'ils ne sont pas connus, ils peuvent être découverts par la correspondance, ou de toute autre manière, suivant les formes légales (voyez art. 8).

ART. 15.

Les navires saisis avec des Noirs seront, autant que possible, conduits dans le port de la colonie française le plus voisin du lieu où la capture aura été faite.

Cet article est dans l'intérêt des Noirs, qui, entassés sur de petits navires, doivent être conduits dans le port le plus voisin. On assure que, sur un chargement de Noirs saisis dans les parages des Antilles, et conduit immédiatement à Sierra-Leone, près de la moitié meurt dans cette double traversée.

ART. 16.

Les crimes et délits de la traite sont de la compétence des tribunaux ordinaires.

Par ce mot *ordinaires*, il ne faut pas entendre les tribunaux actuellement établis. Les conseils de révision mi-partis de juges et d'employés de l'administration ont droit de réformer les arrêts ou jugements rendus en matière de traite ou de *commerce étranger*. C'est avec les meilleures intentions du monde qu'on a institué les conseils de révision; mais ils n'en sont pas moins une injure pour les tribunaux ordinaires qu'ils font déconsidérer. On ne saurait donner un caractère trop respectable aux tribunaux des colonies. La défiance qu'on montre aux créoles, est, je le répète, la plus grande faute que la métropole ait commise à leur égard.

ART. 17.

Les débats pourront avoir lieu à huis-clos, après que le tribunal en aura délibéré. Les serfs et les esclaves, même avec l'autorisation du maître, ne pourront assister à l'audience.

ART. 18.

Dans aucun cas relatif à la traite, les esclaves ne pourront être appelés comme témoins à charge contre leur maître, ni contre le fils ou le gendre, le père ou le beau-père de leur maître.

Ce serait un attentat contre la puissance paternelle, sous l'empire de laquelle sont placés les esclaves, que de les appeler à déposer contre leurs maîtres. Comme témoins à *décharge*, leur déposition ne peut servir que de simple renseignement à la justice.

§ III.

EMPLOI DES AMENDES ET DU PRIX DES NAVIRES SAISIS. — CONDITION DES NOIRS DÉLIVRÉS.

ART. 19.

Les navires saisis seront vendus au profit des établissements formés pour l'éducation des Noirs de traite, ou, à défaut, au profit des fermes expérimentales dont il sera parlé dans l'article 106 et les articles suivants.

ART. 20.

Si le navire a été saisi avant le départ, et que la destination soit connue, le prix du dit navire appartiendra aux établissements de Noirs de traite formés dans la colonie, ou pour la colonie dans laquelle l'introduction des Noirs devait avoir lieu. Si la destination est inconnue, le prix des navires saisis fera un fonds de réserve pour les établissements à qui des secours seront jugés le plus nécessaires par l'administration supérieure des colonies.

ART. 21.

Le produit des amendes sera également versé dans

la caisse destinée aux établissements pour l'éducation des Noirs de traite.

On voit par cet article et par les suivants, que les rigueurs de la loi tourneraient toutes au profit de l'humanité.

ART. 22.

Ces établissements seront formés, soit dans les colonies, soit dans le voisinage des colonies. Les Noirs délivrés y seront envoyés et élevés de manière qu'ils puissent devenir un jour des ouvriers ou des cultivateurs utiles à l'industrie coloniale.

ART. 23.

Dans le cas où la formation desdits établissements serait impraticable, ou si l'on pensait qu'ils ne dussent pas avoir une assez grande importance, les Noirs délivrés seraient placés dans les fermes expérimentales dont il sera parlé au titre *des serfs*. (Voyez art. 106 et suivants.)

ART. 24.

Les Noirs de traite ne seront pas considérés comme esclaves. Ils seront assimilés aux mineurs jusqu'à l'époque ci-après déterminée pour leur émancipation.

Ces grands enfants de la nature sont quelquefois bien vicieux. Comment en faire sur-le-champ des hommes jouissant de tous leurs droits, puisqu'ils n'ont rien et ne sont encore bons à rien? Aujourd'hui les Noirs saisis sont esclaves, eux et leur postérité. Aussi les habitants des colonies ne peuvent-ils croire que le Gouvernement veuille sérieusement empêcher la traite. La rigueur contre les négriers n'a été jusqu'à présent qu'une dérision amère de l'humanité. Quelques administrateurs des Colonies cherchent les moyens d'adoucir la condition des Noirs saisis; ceux-ci n'en sont pas moins esclaves à perpétuité.

ART. 25.

En attendant la formation des établissements et fermes expérimentales dont il est parlé dans les articles 22 et 23, les Noirs délivrés pourront être confiés à des planteurs ou à des chefs d'atelier, sous la surveillance du patron des Noirs (voyez art. 61), qui leur tiendra lieu de tuteur. Les Noirs au-dessus de 20 ans ne recevront aucun salaire pendant les trois premières années de l'engagement, à moins que le maître ne juge à propos de leur accorder quelques encouragements. Les années suivantes, ils seront payés comme apprentis à gages. Une moitié de leur salaire sera versée dans une caisse particulière comme pécule réservé; l'autre moitié sera mise à leur disposition. On pourra la leur retenir dans le cas d'inconduite ou de mauvais emploi.

Ce cas est expliqué et déterminé dans le contrat d'engagement dont le modèle est annexé au présent projet.

ART. 26.

Le temps pendant lequel les Noirs au-dessous de 20 ans ne recevront pas de salaire, sera déterminé dans l'acte d'engagement, suivant leur âge, leur conduite et leur intelligence.

ART. 27.

Les engagements pour les Noirs délivrés, avec les propriétaires et chefs d'atelier, seront conformes au modèle ci-joint (A).

ART. 28.

Après un temps qui ne pourra jamais être de plus de 7 ans pour les Noirs ayant 20 ans à leur arrivée dans la colonie, sauf le cas de mauvaise conduite prévu dans le contrat d'engagement, ils seront émancipés, et, en cette qualité, ils jouiront des droits civils accordés aux mineurs émancipés. Les autorisations que les mineurs émancipés ont à demander aux tribunaux pour disposer de leurs biens, seront accordées aux Noirs par le maire de leur commune.

Le patron des Noirs leur tiendra lieu de curateur. Le pécule qu'ils auront acquis leur sera remis à l'époque de leur émancipation.

Les art. 24, 25, 26, 27 et 28 s'expliquent suffisamment par eux-mêmes. A défaut d'établissements pour les Noirs, si l'on se voit forcé de confier des Noirs nouveaux à des habitants, il est juste que ces malheureux trouvent une protection, et qu'on leur assure une existence pour l'avenir. A l'Ile-de-France, j'ai vu les Anglais concéder pour quatorze ans les Noirs de traite à des propriétaires favorisés ou à des employés du Gouvernement, mais sans leur imposer aucune condition, et sans qu'on exerçât aucune surveillance envers les concessionnaires. — Il est certain que sur mille Noirs concédés de cette manière, il n'en restera pas dix au bout de quatorze ans, parce qu'on tiendra moins à leur conservation qu'à celle des Noirs dont on sera propriétaire. Il est bien entendu que les engagements que je propose peuvent être résiliés, si les conventions n'en sont pas fidèlement observées.

A l'Ile-de-Bourbon, on commence à faire venir des Indiens libres et salariés pour les travaux des sucreries : on se trouve fort bien de ce moyen. La mesure proposée assimilerait en peu de temps les Noirs engagés aux Indiens, et concourrait à rendre la traite inutile. Le meilleur exemple pour les habitants serait celui que leur donneraient les fermes expérimentales dont il sera question à l'article 106 du Projet.

ART. 29.

Après trois ans d'émancipation, sur le rapport du patron des Noirs, et sur un certificat de bonne conduite délivré par les notables syndics de leur commune (voyez art. 72), ils pourront être admis à jouir des mêmes droits civils et politiques que les affranchis au deuxième degré (voyez art. 135). L'exercice de ces droits ne pourra être refusé à leurs enfants.

ART. 30.

Si les Noirs engagés veulent se marier pendant le temps où ils seront en tutelle, ce ne sera qu'avec l'autorisation tant de leur maître que du patron des Noirs de leur commune. L'autorisation de ce dernier suffira quand ils seront émancipés. Le patron ne pourra refuser l'autorisation qu'après en avoir référé au procureur du roi.

ART. 31.

Les établissements pour l'éducation des Noirs délivrés seront régis par des réglements en harmonie avec les principes contenus dans les articles qui précèdent.

Les établissements pour l'éducation des Noirs de traite seront, s'ils sont bien administrés, préférables aux engagements; mais où former ces établissements? Saint-Domingue et Madagascar se présentent naturellement à l'esprit. En obtenant des concessions dans chacun de ces pays, on peut y fonder des écoles de travail et de civilisation, qui, au moyen des amendes et du prix des navires saisis, ne seraient point onéreuses à la métropole. Mieux vaudrait encore qu'on n'eût pas besoin de les former, et qu'on pût se contenter des fermes expérimentales dont nous avons déja parlé.

SECTION II.

DU COMMERCE INTÉRIEUR DES ESCLAVES, OU DE LA VENTE DES NOIRS DANS LES COLONIES FRANÇAISES.

Quelques personnes avaient eu la pensée d'interdire la vente des esclaves, ou de ne la permettre qu'en vendant en même temps la terre à laquelle ils seraient attachés. Le premier de ces moyens est impraticable. Quoiqu'il vaille mieux pour l'esclave de conserver le même maître, il est quelquefois avantageux pour lui d'en changer. Dans le second cas, qu'on veuille remarquer que tous les esclaves ne peuvent être attachés à la glèbe. On ne saurait obliger les propriétaires de terre à faire des serfs de leurs esclaves; mais on doit employer tous les moyens possibles pour les y encourager. (Voyez le titre *Des Serfs.*)

ART. 32.

Les enfants naturels au-dessous de 10 ans ne pourront être séparés de leur mère.

Les réglements actuels disent 7 ans : cet âge est trop tendre. A 7 ans les enfants sont d'ailleurs sujets à des maladies pour lesquelles il ne faut pas les priver du secours de leur mère.

ART. 33.

Le mari et la femme ne seront point vendus séparément; leur enfants nés pendant le mariage et au-dessous de 15 ans ne pourront être vendus qu'avec eux.

Il est juste d'accorder plus de faveur aux Noirs mariés qu'à ceux qui vivent dans le concubinage. Il est vrai qu'il sera toujours difficile de marier les esclaves, puisqu'ils n'acquièrent aucun droit par le mariage. Ces dispositions sont conformes à l'art. 47 de l'Édit de mars 1685.

ART. 34.

Le privilége du vendeur sur l'esclave s'éteint dans le délai d'une année. L'action pour le paiement du prix des esclaves se prescrit également par un an.

C'est pour que l'esclave change de maître le moins souvent possible. Ces dispositions sont conformes à l'esprit des anciennes ordonnances.

ART. 35.

Aucune vente d'esclave ne pourra être faite que par écrit. Dans les quinze jours de sa date, elle sera enregistrée au droit fixe d'un franc, lors même qu'il y aurait plusieurs esclaves compris dans la même vente. Dans les colonies où l'enregistrement n'est pas établi, il y sera suppléé par le visa du maire de la commune du vendeur. La mention du visa sera relatée sur un livre tenu à la mairie de chaque commune, coté et paraphé par le président du tribunal de première instance, et déposé tous les trois ans au greffe dudit tribunal.

ART. 36.

L'acte de vente contiendra en marge le signalement de l'esclave. Il y sera déclaré que l'esclave est au moins depuis trois ans dans la colonie, en indiquant le nom et la demeure des précédents propriétaires. Aucun des détails du signalement ne peut être omis, sous peine de 25 fr. d'amende pour chaque omission. Des formules de vente seront gratuitement délivrées par l'administration; le timbre seul en sera payé.

En ordonnant que toute vente soit faite par écrit et enregistrée, on apporte une légère difficulté dans le commerce des esclaves; mais, d'un autre côté, ces mesures concourront à empêcher la fraude. Elles commencent à suppléer aux recherches qu'il est interdit à la Douane de faire dans l'intérieur des terres pour la découverte des Noirs nouveaux.

ART. 37.

Toute fausse déclaration, défaut d'enregistrement ou de visa, sera puni d'une amende de 100 à 1,000 fr.

ART. 38.

Tout Noir dont l'origine ne sera pas justifiée par l'acte de vente sera considéré comme Noir de traite, et délivré comme tel.

Dans les Colonies anglaises, les Noirs dont l'origine n'est pas justifiée sont confisqués au profit de Sa Majesté. Quelle philantropie!

ART. 39.

Le produit des amendes sera consacré aux encouragements dont il sera parlé au chapitre *De l'amélioration de la condition des esclaves* (art. 70).

On peut se rappeler ici l'observation déja faite sur l'art. 21.

CHAPITRE II.

DU RECENSEMENT DES ESCLAVES.

ART. 40.

Chaque propriétaire d'esclaves sera tenu de fournir tous les ans à l'administration un état indiquant le nom, l'âge, le sexe, la caste de ses Noirs, l'époque où la vente lui en a été faite, le nom et le domicile du précédent propriétaire.

ART. 41.

Cet état sera double : l'un d'eux restera aux mains du propriétaire, après avoir été revêtu du visa de l'agent préposé par le gouvernement au recensement des Noirs; l'autre, déposé à la mairie de la commune, y sera transcrit sur un registre spécial. L'état que gardera le propriétaire sera sur un livret conforme au modèle (B).

Surtout, à raison du format, le mode de recensement qu'on propose est plus facile et plus clair que celui qui se pratique actuellement. Les recensements seront aussi beaucoup plus faciles à vérifier.

ART. 42.

Toute omission ou fausse désignation dans les recensements sera, suivant son importance, punie d'une amende de 25 à 1,000 fr.

ART. 43.

Tout Noir dont la propriété ne sera pas justifiée sera considéré comme introduit en fraude, et remis entre les mains de l'autorité, qui le comprendra dans la classe des Noirs délivrés.

Ce dernier article concourt encore à suppléer aux recherches dangereuses de la Douane.

ART. 44.

Les notables syndics, dont on déterminera le mode d'élection et les fonctions dans le chapitre IV, seront spécialement chargés de la vérification des recensements d'esclaves.

On verra, par la nature des fonctions des notables syndics, qu'il sera difficile de faire aucune fraude dans les recensements. Cependant ces fonctions n'auront aucunement le caractère d'inquisition administrative, qu'on reproche, avec raison, au bill d'enregistrement imposé à quelques-unes des colonies anglaises.

ART. 45.

Le maire, assisté de deux notables syndics, déterminera le montant des amendes dont il est parlé dans les articles 36 et 42. L'appel de la décision sera porté au conseil de gouvernement et d'administration, qui prononcera en dernier ressort sur mémoires, sans frais et sans le concours d'avocats ni d'avoués.

ART. 46.

Le produit des amendes sera employé aux encouragements dont il sera parlé au chapitre *De l'amélioration de la condition des esclaves.*

CHAPITRE III.

DES DEVOIRS DES MAÎTRES, ET DE LEUR AUTORITÉ SUR LES ESCLAVES.

ART. 47.

Les maîtres seront tenus de faire baptiser leurs esclaves, de les élever et de les instruire dans la religion chrétienne.

Ces dispositions sont conformes à celles des anciennes ordonnances. Art. 2, Édit de 1685; art. 1er, Édit de 1716; art. 1er et 12, Édit de 1724.

Les mots, *religion chrétienne,* paraîtront contraires au principe de la liberté des cultes. On pourrait ainsi rédiger l'article : « *Les maîtres sont tenus d'élever et instruire leurs esclaves, dans* « *la religion qu'ils professent* ». La première rédaction semblera préférable.

ART. 48.

Ils veilleront à ce que la prière soit faite en commun tous les soirs par les Nègres de l'habitation.

ART. 49.

Les ateliers seront fermés les dimanches et les jours

de fêtes conservées, à moins d'autorisation du maire de la commune.

Cette disposition est conforme à l'art. 6 de l'Édit de 1685.

ART. 50.

Indépendamment de la prière, une instruction évangélique sera lue tous les dimanches aux esclaves. Le gouverneur de chaque colonie nommera une commission de sept personnes éclairées, dont trois ecclésiastiques, pour rédiger le livre d'instruction.

Les habitations sont souvent trop éloignées de la ville, ou du quartier, pour qu'on puisse envoyer les Noirs à l'église. D'un autre côté, ce n'est pas sans inconvénient qu'on rassemblerait des populations considérables d'esclaves, au chef-lieu de la commune. Il m'a toujours semblé que des instructions religieuses et paternelles, données aux Noirs, produiraient un excellent effet.

ART. 51.

Après la lecture de l'instruction, le maître, ou son représentant, nommera avec mention encourageante les Noirs qui se seront le mieux conduits pendant la semaine.

Cet usage a lieu dans quelques colonies anglaises.

ART. 52.

L'autorité locale fixera les heures auxquelles les travaux devront commencer, finir ou être suspendus.

ART. 53.

Les maîtres seront tenus de donner tous les ans deux habillements de toile bleue à leurs esclaves. L'autorité municipale, aidée des notables syndics, veillera à ce que les Noirs soient toujours décemment vêtus.

La première partie de cet article est conforme à l'article 25 de l'Édit de 1685. Sur la seconde partie : La décence est une vertu de la civilisation. Les Noirs libres, même les plus misérables, sont, pour l'ordinaire, vêtus plus décemment que les esclaves. On a fait, dans une colonie, des réglements somptuaires contre les esclaves; c'est une erreur que l'on a commise.

ART. 54.

Des réglements particuliers détermineront, à raison des distances et des localités, le poids des fardeaux qu'il sera permis de faire porter aux esclaves.

ART. 55.

Il est défendu de marquer les Noirs d'aucune manière qui doive laisser une empreinte sur la peau.

ART. 56.

Les maîtres ne pourront, pour la même faute et pour les fautes que les esclaves commettront dans le même jour, leur faire donner plus de vingt-cinq coups de fouet. Cette correction, qui ne leur sera jamais administrée plus d'une fois par jour, ne pourra être répétée les jours suivants pour les fautes précédemment commises, sous peine d'une amende de 100 à 1,000 francs.

Il existe quelque chose de pareil aux dispositions de cet article dans les anciens réglements; mais il n'y est pas question de l'amende spécialement pour ce fait.

ART. 57.

Des châtiments plus sévères ne seront infligés aux esclaves que sur l'autorisation du maire assisté du Patron des Noirs de la commune. Ils pourront exiger que l'esclave soit amené devant eux. Un jour d'audience sera consacré chaque semaine à l'examen des plaintes que les maîtres auront à former contre leurs esclaves. Cette audience ne sera point publique. L'autorisation accordée par écrit indiquera la punition à infliger. D'après les propositions de l'administration, le conseil général de chaque colonie déterminera par un réglement particulier les châtiments qui, suivant la nature des délits, pourront être infligés aux esclaves.

Il paraîtra juste à tout le monde que quelqu'un prenne la défense des esclaves, et que l'autorité du maître soit quelquefois limitée; mais il faut, d'un autre côté, ne rien faire qui la compromette, ni inquiéter la tranquillité des colonies. C'est dans cet esprit qu'on a conçu l'art. 57 du Projet.

ART. 58.

En attendant l'autorisation qui devra être demandée dans la huitaine sous peine d'une amende de 100 à 1,000 fr., le maître aura le droit de retenir son esclave à la chaîne ou en prison.

ART. 59.

Il est défendu aux maîtres de faire porter des colliers de fer à leurs esclaves, ou des chaînes trop pesantes. Il leur est également défendu, ainsi qu'à toutes les autorités civiles et judiciaires qui auront des peines à infliger aux esclaves, lorsqu'ils auront pris ou voulu prendre la fuite, de leur faire aucune mutilation, sauf les châtiments qui peuvent leur être infligés conformément aux dispositions du Code pénal. La peine de mort ne pourra également leur être infligée dans le cas de fuite, à moins de résistance à main armée.

Quelquefois on fait porter aux Noirs incorrigibles des chaînes qui les accablent. Cela peut sembler nécessaire pour qu'ils ne prennent pas la fuite pendant les travaux. Au lieu de ces chaînes, ne peut-on pas leur faire traîner une espèce de boulet, ou leur mettre des entraves qui les empêcheraient de courir, sans les empêcher de travailler?

Les dernières dispositions de l'art. 59 abrogeraient définitivement les articles 38 de l'Édit de 1685, et 37 de l'Édit de 1724, qui ordonnaient de couper les oreilles et le jarret aux esclaves fugitifs. Ces articles sont tombés en désuétude à Bourbon; il est défendu d'en faire l'application aux Antilles.

Quelques personnes demandent l'exécution fidèle des anciennes ordonnances, ne réfléchissant pas que si ces ordonnances renferment un petit nombre de dispositions généreuses, il en est aussi d'une barbarie révoltante. Dans les Antilles anglaises, on continue d'exercer contre les Noirs fugitifs une rigueur depuis long-temps inconnue dans nos établissements.

« Les esclaves tentant de sortir de cette île, ou en aidant d'au-
» tres dans semblables entreprises, seront *condamnés à mort.* Les
» gens libres de couleur, aidant des esclaves à s'échapper, seront
» déportés, et, en cas de retour, ils subiront la peine de mort. »

(*Jamaïque, acte du* 14 *octobre* 1809.)

« Les esclaves ayant volé des bêtes à cornes, des moutons, des
» chevaux, pourront être condamnés à mort » (*même acte*). On ne trouve rien de semblable dans le Code de nos colonies.

ART. 60.

Tous les délits et crimes qui intéressent directement l'ordre public seront, comme par le passé, de la compétence des tribunaux ordinaires. Une loi ou ordonnance spéciale déterminera, plus particulièrement que celles faites jusqu'à ce jour, la nature de ces crimes et délits, et celle des châtiments à infliger.

ART. 61.

Le conseil municipal de chaque commune désignera, dans son sein ou hors de son sein, une personne chargée de remplir les fonctions de Patron des Noirs. Celui-ci sera sous la surveillance du procureur du roi.

ART. 62.

Ces fonctions seront gratuites; elles seront conférées pour cinq ans : les motifs qui dispensent de la tutelle des mineurs (1) sont les seuls qui puissent être allégués pour refuser le patronage des Noirs.

---

(1) Articles 427, 428, 429, 430, 431, 433, 434, 438, 439, 440, 441 du Code civil.

Après cinq ans d'exercice, le Patron des Noirs aura le droit de refuser pour les cinq années suivantes. Les motifs d'incapacité, d'exclusion ou de destitution seront les mêmes que pour la tutelle des mineurs.

ART. 63.

Les fonctions de Patron des Noirs donneront à celui qui en sera revêtu, le second rang dans la commune. Tous les cinq ans, sur une triple présentation faite par le gouverneur, qui prendra l'avis du procureur général, une décoration de la légion d'honneur sera accordée dans chaque colonie à celui des Patrons qui se sera le plus distingué dans l'exercice de ses fonctions, sans préjudice des autres récompenses honorifiques qui pourront être décernées aux Patrons par le conseil général de la colonie.

ART. 64.

Le Patron des Noirs, en cas d'empêchement, sera remplacé par le plus ancien membre du conseil municipal.

La magistrature du Patron des Noirs serait tout-à-fait paternelle, ainsi qu'on en peut juger par ses diverses attributions. Si elle émanait de l'administration supérieure de la colonie, elle semblerait imposée aux habitants, à qui, par cette raison, elle deviendrait insupportable; dès-lors elle ne produirait point l'effet qu'on en doit attendre. Le Patron des Noirs sera sans doute porté à l'indulgence pour les maîtres : cependant il est une foule de cas où ses fonctions seront d'une grande utilité. On ne peut l'entourer de trop de respect et de considération. Cette magistrature, qui ne sort pas des limites de la commune, tient de plus près aux familles; elle éveillera l'émulation du bien entre les Créoles, émulation dont on peut tirer le plus grand parti. L'institution du Patron des Noirs, par la raison qu'elle émane des habitants eux-mêmes, me paraît préférable à celle du protecteur des esclaves établi dans quelques colonies anglaises. Au lieu de régenter les habitants des colonies, et d'avoir la prétention de valoir mieux qu'eux, il est plus sage, répétons-nous encore, de les encourager à bien faire, comme on le verra plus particulièrement dans le chapitre relatif à l'*Amélioration de la condition des esclaves*.

ART. 65.

Il aura le droit d'adresser des avertissements aux maîtres coupables d'excès d'indulgence ou de sévérité envers leurs esclaves.

ART. 66.

Sans préjudice des droits du ministère public et des particuliers, il pourra porter plainte au procureur du roi contre les maîtres qui maltraiteraient leurs esclaves, ou ne leur donneraient pas une nourriture suffisante.

Les anciennes ordonnances déterminent la quantité et la nature des aliments que les maîtres doivent à leurs esclaves. A cet égard, il m'a toujours paru difficile de rien prescrire. Il est de l'intérêt des maîtres de bien nourrir leurs esclaves, pour leur donner plus de force dans leurs travaux.

ART. 67.

Suivant la gravité des mauvais traitements envers son esclave, le maître sera condamné à une amende de 1,000 à 20,000 fr. Le tribunal pourra en outre l'interdire en le déclarant incapable de posséder des esclaves, ou ordonner sa déportation, ou bien encore le condamner à un emprisonnement d'un à cinq ans. Le tribunal nommera un curateur au maître qu'il aura interdit.

Les amendes seront toujours plus faciles à infliger que les châtiments. Les dispositions de cet article sont conformes à l'esprit de l'ancienne ordonnance, art. 13, de l'Édit de 1685. Elles ne paraîtront peut-être pas assez sévères. Qu'on se rappelle qu'il est toujours plus avantageux à la société de faire des lois dont l'application ne fasse pas reculer les magistrats.

ART. 68.

La cause sera plaidée à huis clos. Les esclaves, excepté ceux appelés comme témoins et qu'on fera retirer après avoir entendu leur déposition, ne pourront assister à l'audience, même avec l'autorisation de leurs maîtres.

ART. 69.

Les amendes auront le même emploi que celles dont il a déja été question dans le précédent chapitre.

CHAPITRE IV.

DE L'AMÉLIORATION DE LA CONDITION DES ESCLAVES.

ART. 70.

Les Noirs au-dessus de 60 ans et au-dessous de 15 ans, ainsi que les mères ayant cinq enfants vivants, ne seront point soumis à la capitation.

Les dispositions de cet article ne sont pas nouvelles. Le dégrèvement de contribution ne produira que peu d'effet, si l'on n'accorde pas d'un autre côté aux colonies toutes les libertés, tous les droits, et surtout les réductions de charges qu'elles sont fondées à réclamer.

ART. 71.

Les maîtres seront engagés à distribuer leurs esclaves par ménages, et à les marier s'il est possible. Les unions naturelles seront inscrites sur un livre dont il sera donné lecture aux esclaves, le jour ou le ménage sera formé, et chaque année au jour de Pâques. Des encouragements seront donnés par les maîtres aux esclaves qui se seront fait remarquer par leur bonne conduite et leur fidélité.

Cet article est extrait, à peu près textuellement, d'un réglement de l'île Saint-Christophe. Dans l'intérêt de l'humanité, on est forcé non-seulement de tolérer, mais d'encourager les unions naturelles entre les esclaves, puisque le mariage, toujours difficile, ne leur acquiert aucune espèce de droits. Cependant le mariage doit être beaucoup plus encouragé.

ART. 72.

Les mariages entre les esclaves seront inscrits sur un livre particulier ouvert à la mairie de la commune. Ils ne pourront être contractés que sur l'autorisation du maître, entre les Noirs appartenant au même propriétaire, et dans le cas où il n'y aurait pas d'opposition de la part des créanciers. Le mariage sera, un mois d'avance, annoncé par affiche aux portes de la mairie et dans les journaux de la colonie. Les actes de naissance pour les enfants qui naîtront d'un mariage seront inscrits, à la mairie de la commune, sur un livre particulier. La présence du maître ou de son mandataire tiendra lieu des témoins exigés pour les actes de l'état civil.

Les encouragements pour exciter les maîtres à marier leurs esclaves, se retrouveront en d'autres articles du Projet.

ART. 73.

Suivant leur étendue, les communes seront divisées en trois sections, ou en un plus grand nombre, s'il est nécessaire. Le conseil municipal de chaque commune nommera autant de *Notables syndics* dans son sein ou hors de son sein, qu'il y aura de sections dans la commune, de manière qu'un syndic soit attaché à chaque section où il aura soit son domicile, soit une partie de ses propriétés. Dans le cas où la commune ne serait pas assez importante pour être divisée en sections, le conseil nommerait également trois syndics.

ART. 74.

Les fonctions de notables syndics seront conférées pour cinq ans : ils seront choisis parmi les habitants ayant 25 ans, et possédant un nombre déterminé d'esclaves. Les motifs de refus ou d'incapacité seront les mêmes que pour le patronage des Noirs. Le conseil général de la colonie pourra décerner des médailles et autres encouragements à ceux qui se seront le plus distingués dans leurs fonctions.

ART. 75.

Les Notables syndics se réuniront, chaque fois qu'ils le jugeront nécessaire, sous la présidence et convocation du plus âgé. Le maire de la commune pourra également les réunir en conseil.

ART. 76.

En cas d'empêchement, ils seront remplacés les uns par les autres sur la désignation du maire, le plus proche voisin de section devant toujours être préféré.

ART. 77.

Seuls ou avec un de leurs collègues, les notables pourront, quand ils le jugeront convenable, visiter les habitations ou ateliers, après avoir invité le maître ou son représentant à les accompagner. Ils n'adresseront de questions aux esclaves sur la manière dont ils sont traités, qu'autant que le maître les y aura autorisés.

Les articles 80 et suivants feront voir que ces visites n'ont aucun caractère dont les habitants puissent être allarmés, qu'elles sont toutes bienveillantes, et que l'amour-propre des maîtres n'y est pas moins intéressé que l'humanité.

ART. 78.

Tous les ans, ils rédigeront le procès-verbal de leurs observations. Ce procès-verbal sera précédé du relevé des recensements.

ART. 79.

Le relevé des recensements fera connaître le nombre des Noirs de la commune divisés en mâles et femelles,

au-dessus de 60 ans,
au-dessus de 15 ans,
au-dessous de 15 ans.

Le dénombrement sera encore fait

en Noirs employés comme cultivateurs,
en Noirs employés comme ouvriers,
en Noirs employés comme domestiques.

Le même relevé indiquera enfin la diminution de la population esclave divisée en mâles et femelles,

par transport dans une autre commune,
par décès;

Et l'augmentation

par achat, succession, ou arrivée d'autres communes, et par les naissances.

ART. 80.

Dans un chapitre pour les *Observations générales*, on expliquera les causes auxquelles il faut attribuer les mortalités, en faisant remarquer les genres de travaux ou de culture le plus ou le moins nuisibles à la population esclave. Le même chapitre contiendra des détails sur la manière dont, en général, les Noirs sont traités, nourris, logés et habillés, sur la gravité et le nombre des délits commis, et des corrections infligées, sur l'instruction religieuse et morale des esclaves, sur le soin qu'on prend des malades, des femmes enceintes, des enfants et des vieillards, enfin sur tout ce qui aura été fait pour l'amélioration du sort des esclaves.

ART. 81.

Le chapitre des *Observations particulières* fera connaître nominativement les habitants sur les propriétés desquels il sera né le plus d'enfants dans l'année, et où l'on en aura conservé le plus grand nombre, proportion gardée avec le nombre des Noirs de l'atelier ou de l'habitation. On nommera encore les maîtres qui auront formé le plus de ménages, soit par les unions naturelles, soit en mariant leurs esclaves; enfin, on désignera les habitations et ateliers où se seront faites les améliorations les plus remarquables dans la condition et le traitement des esclaves, en expliquant la nature de ces améliorations.

Qu'on veuille remarquer la différence qui existe entre les articles 80 et 81. Les *observations générales* ne doivent désigner nommément aucun propriétaire d'esclaves. Les *observations particulières,* qui sont toutes bienveillantes, feront connaître les auteurs des améliorations opérées sur chaque habitation.

ART. 82.

Les procès-verbaux des notables syndics seront déposés à la mairie de chaque commune, pour être envoyés au conseil général de la colonie.

ART. 83.

Après avoir fait l'examen et le dépouillement des procès-verbaux, le conseil général décernera des médailles et des primes d'encouragement aux propriétaires qui auront le plus contribué à l'amélioration de la condition des esclaves.

ART. 84.

La distribution des primes et des médailles sera publiquement faite par le gouverneur, en présence du conseil général et des principales autorités de la colonie.

ART. 85.

Le procès-verbal de distribution sera imprimé et affiché dans toutes les communes de la colonie.

ART. 86.

Le conseil général de la colonie, sur les propositions de l'administration, arrêtera et fera publier, une année d'avance, le programme des prix qui seront décernés l'année suivante.

ART. 87.

Le conseil municipal de chaque commune, dans sa session ordinaire, se fera présenter, tous les ans, un rapport sur les améliorations qui peuvent être introduites dans la condition des esclaves. Ce rapport sera adressé au gouverneur, qui le mettra ou fera mettre sous les yeux du conseil général de la colonie, en y joignant ses observations particulières.

ART. 88.

Il sera nommé, chaque année, dans le sein du conseil général, une commission, qui, après avoir pris connaissance des rapports particuliers de chaque commune, et d'après ses propres lumières, présentera un rapport général à l'assemblée, laquelle proposera au gouverneur les mesures que l'humanité et la prudence prescriraient d'adopter.

Les dispositions relatives au recensement et à la vente des Noirs, et surtout celles relatives aux devoirs et à l'autorité des maîtres, forment, avec ce dernier chapitre, un ensemble de mesures qui concourent toutes à l'amélioration de la condition des esclaves. Le titre *Des Serfs* sera le complément de ces mesures. Aucun des moyens proposés n'est d'une exécution difficile. Tout le bien qu'on veut faire aux colonies résultera lui-même du bienfait d'une administration de famille, autrement d'un bon régime municipal. Renfermées dans les limites qu'elles doivent avoir, ces institutions sont partout une source de bien-être et de prospérité.

Qu'on fasse maintenant un rapprochement entre les mesures que nous proposons, et celles adoptées par le gouvernement britannique, dont le Code noir est en ce moment sous mes yeux. Il commence par le célèbre bill d'enregistrement.

C'est d'abord un régent imposé aux colonies, placé en dehors de leur population, n'ayant pas le droit de posséder des esclaves, et dont les attributions tracassières sont une injure, une inquisition perpétuelle pour les habitants du pays. Il est impossible que l'enregistrateur remplisse avec une égale impartialité, avec un zèle toujours soutenu, les fonctions nombreuses dont il est chargé.

Tout propriétaire d'esclaves, ou son mandataire, *est tenu de donner son propre signalement*, indépendamment de celui de ses esclaves. Les détails à fournir aux préposés de l'enregistrement, les registres à tenir, doivent donner lieu à des dépenses énormes. Il est impossible que les amendes considérables pour chaque infraction suffisent pour couvrir ces dépenses. Du reste, pas un mot dans le bill d'enregistrement qui fasse tourner les amendes au profit de l'humanité, pas un mot qui encourage et intéresse les habitants à bien traiter leurs esclaves.

A la suite de ce bill d'enregistrement, ce sont les réglements intérieurs de chaque colonie pour l'ordre et la police de ses esclaves. Il en est de tout récents que l'on croirait faits il y a deux siècles. C'est bien autre chose que le Code noir des Colonies françaises.

On reproche aux colonies anglaises d'avoir repoussé le bill d'enregistrement; on leur reproche encore de se refuser à l'amélioration graduelle de la condition des esclaves. Si, au lieu du bill d'enregistrement, on eût suppléé au silence de leurs constitutions, en ouvrant la voie fermée jusqu'à ce jour aux améliorations praticables, on eût obtenu des succès dont le cœur eût été beaucoup plus satisfait.

Les moyens que nous proposons ont un autre caractère; leur exécution ne peut avoir aucune espèce d'inconvénient. Les habitants des colonies sont poussés par leur amour-propre et leur intérêt à tout le bien qu'on veut opérer. Par exemple, ne vaut-il pas cent fois mieux qu'il soit fait tous les ans un rapport encourageant sur les améliorations introduites par les habitants sur leurs propriétés, que de leur faire subir l'enquête d'un *étranger* qui vient interroger leurs Noirs, les confronter avec son livre d'enregistrement? Dans notre Projet, ce sont les habitants eux-mêmes qui font la police des habitations, intéressés à la bien faire par les faveurs et les distinctions qu'on leur accorde. Les charges d'un pays sont parfaitement réparties, lorsque les habitants se les partagent eux-mêmes. Il en est de même de la police toujours bien faite par ceux qu'elle intéresse. Les recensements d'esclaves seront très-exactement établis, en les faisant vérifier par les notables syndics de chaque quartier. Aujourd'hui leur inexactitude est vraiment déplorable. Ce ne sont pas les rigueurs du bill d'enregistrement qui pourraient les rendre plus parfaits.

TITRE II.

DES SERFS.

La plus grande amélioration à la condition des esclaves serait de les faire passer à la servitude de la glèbe, c'est-à-dire qu'on ne pourrait les vendre qu'avec la terre à laquelle ils seraient attachés. Pour opérer cet heureux changement, on n'a point d'ordres à donner aux maîtres; à cet égard l'intérêt des planteurs produira plus d'effet que les volontés administratives. L'esclave qui tient à la glèbe a déja quelques droits, ne serait-ce que celui de n'être point séparé du sol auquel il est attaché. La cabane qu'il habite lui paraît être la sienne. La condition de serf ne s'opposerait point au mariage comme la condition d'esclave; elle serait beaucoup plus favorable au Noir pour obtenir un intérêt dans les travaux et les produits de l'habitation, pour devenir graduellement métayer, puis fermier de son maître, et arriver à l'acquisition définitive de sa liberté.

Toute odieuse qu'elle puisse être, c'est la féodalité qui nous a enseigné ces moyens d'améliorer la condition des esclaves. On n'a point à craindre aux colonies les abus du système féodal; le Créole est plus éclairé que les suzerains d'autrefois.

Cependant, comme beaucoup d'améliorations ne peuvent se faire qu'au moyen des exemples, on apprendrait, dans les fermes expérimentales dont il est plus particulièrement question dans ce titre, la manière d'attacher les esclaves à la glèbe, de les intéresser dans les produits de l'habitation, et de les faire parvenir, sans trop attendre, à la manumission définitive. Nous nous expliquerons mieux au titre *Des Affranchis*.

ART. 89.

L'administration des colonies encouragera, par tous les moyens qui seront en son pouvoir, les propriétaires à attacher leurs esclaves à la glèbe, c'est-à-dire que l'esclave attaché à la propriété par son maître ne pourra plus être vendu qu'avec ladite propriété, sauf le cas prévu par l'article 98.

ART. 90.

Les esclaves ainsi attachés à la glèbe porteront le nom de serfs. Un registre sera ouvert à la mairie de chaque commune pour y recevoir les déclarations des maîtres, qui élèveront leurs esclaves à la condition de serfs.

ART. 91.

Le maître qui voudra faire un serf de son esclave sera tenu, un mois d'avance, d'en prévenir le public par un avis inséré dans la Gazette de la colonie, et renouvelé deux fois, de huitaine en huitaine. Le même avis sera aussi, un mois d'avance, affiché à la porte principale de la mairie.

Ces mesures sont nécessaires à raison des droits des créanciers et autres personnes.

ART. 92.

Les maîtres auront les mêmes devoirs à remplir envers leurs serfs qu'envers leurs esclaves; l'étendue de leur autorité sera la même.

ART. 93.

Le maître qui vendra un serf comme esclave sera condamné au paiement d'une amende de 3,000 fr. au profit de la ferme expérimentale établie dans la colonie. La vente sera nulle de plein droit.

ART. 94.

Les serfs seront distingués des esclaves par quelque marque qu'ils porteront dans leur habillement, et qu'on s'attachera à leur faire considérer comme honorifique. Le maître aura la faculté de faire porter à ses serfs une médaille ou écusson sur lequel son nom sera gravé.

Par exemple, les serfs pourraient avoir un collet de couleur tranchante sur leur habit. L'écusson qu'on propose de leur faire porter ne serait point une marque flétrissante pour les serfs. Ce serait un moyen de distinguer les maîtres, et de faire remarquer que leurs serviteurs sont bien habillés et bien traités. On ne peut trop flatter l'amour-propre des propriétaires.

ART. 95.

Les propriétaires seront engagés à marier leurs serfs; ils ne permettront point qu'il se forme de ménages entre les serfs, sans qu'ils soient mariés.

ART. 96.

Le serf ne pourra se marier sans l'autorisation de son maître.

ART. 97.

Un serf pourra épouser une esclave, et un esclave une femme serve; mais, par le fait du mariage, l'esclave passera de plein droit à la condition de serf.

ART. 98.

Le maître pourra vendre un homme serf ou une femme serve à un autre maître, dans le cas de mariage entre les serfs des deux habitations différentes; mais cette vente ne pourra avoir lieu sans le consentement de celui ou de celle qui en sera l'objet.

Cette dernière disposition a pour objet de ne pas rendre la condition du serf plus misérable.

ART. 99.

Les actes de mariage, de naissance et de décès des serfs seront inscrits sur un registre particulier ouvert dans chaque mairie. La présence du maître ou de son représentant régulièrement délégué suffira pour remplacer les témoins exigés par la loi pour les actes de l'état civil.

ART. 100.

Le recensement des serfs sera fait de la même manière que le recensement des esclaves; en outre, il indiquera nominativement les ménages que le propriétaire aura formés, et le nombre d'enfants provenant de chaque ménage. Il sera porté sur un livret séparé, conforme au modèle fourni par l'administration.

ART. 101.

Le patron des Noirs et les notables syndics exerceront, à l'égard des serfs, les mêmes fonctions qu'à l'égard des esclaves. Dans le procès-verbal qu'ils ont à fournir annuellement, les serfs seront l'objet d'un article particulier.

ART. 102.

Ils auront soin, en outre, d'observer les différences qui peuvent exister entre la législation des serfs et la législation des esclaves, pour mettre l'administration supérieure des colonies à même de faire des réglements en conséquence.

Il est difficile de prévoir les différences qui existent entre les deux ordres de choses. Il vaut mieux attendre de l'expérience la législation à donner aux serfs de nos colonies.

ART. 103.

Les serfs au-dessus de 60 ans et ceux au-dessous de 15 ans seront dispensés de la capitation. L'impôt sur les serfs sera la moitié moins élevé que celui sur les esclaves.

Ce sacrifice est nécessaire, si l'on veut opérer ce grand changement dans la condition des esclaves.

ART. 104.

Des primes et des médailles d'encouragement pour les maîtres qui auront fait passer le plus de Noirs de l'esclavage personnel à la servitude de la glèbe, qui auront formé le plus d'unions légitimes entre leurs serfs, ou le plus contribué à l'amélioration de leur sort, seront décernées de la même manière et aux mêmes époques que les primes et médailles pour les améliorations faites dans la condition des esclaves. Pour les propriétaires de serfs, les médailles seront d'or; pour les propriétaires d'esclaves, elles ne seront que d'argent.

ART. 105.

Tous les ans, le conseil municipal de chaque commune et le conseil général de la colonie se feront présenter un rapport sur les améliorations à introduire dans l'état des serfs. On suivra pour ce rapport la marche prescrite par les articles 87 et 88.

ART. 106.

Dans chaque colonie, il sera formé une école expérimentale d'agriculture et des arts et métiers les plus nécessaires aux cultivateurs. Cette école sera établie sur une habitation achetée par la colonie, ou formée des terrains dont elle a le droit de disposer. Le produit des amendes dont il est parlé dans le titre premier, et le prix des navires saisis, contribueront, avec les autres ressources qu'on pourra créer, aux frais d'achat et de premier établissement de la manière et dans les proportions qui seront déterminées par le conseil général de la colonie.

ART. 107.

Le directeur de l'établissement sera nommé par le ministre de la marine.

ART. 108.

Tous les chefs d'ateliers seront pris, autant que possible, parmi les hommes de couleur, soit libres, soit serfs, soit esclaves.

ART. 109.

La population de l'établissement se composera :

1° De Noirs délivrés qui y seront placés en apprentissage (voyez art. 23);

2° De Noirs qui y seront attachés comme serfs (voyez art. 128 et 129);

3° De Noirs que les propriétaires jugeront à propos d'y envoyer pour s'instruire, moyennant une rétribution qui sera déterminée;

4° De Noirs dont l'admission sera gratuite et accordée comme encouragement aux propriétaires de serfs ou d'esclaves.

ART. 110.

La nature des travaux et de l'instruction, l'ordre et la police intérieure de l'établissement, seront l'objet d'un réglement particulier.

D'accord avec les articles 22 à 31.

ART. 111.

Les revenus de l'école expérimentale ne pourront être employés qu'aux frais journaliers et aux améliorations dont l'établissement sera susceptible. Tous les ans, il sera rendu compte de son administration au conseil général de la colonie.

On ne peut douter qu'un établissement de ce genre ne soit très-avantageux à l'agriculture et à l'industrie coloniale. Il existe une foule de plantes dont la culture, ignorée ou négligée jusqu'à ce jour, pourrait devenir une nouvelle source de richesses pour nos possessions d'outre-mer. On conçoit aussi combien elles gagneraient à former de bons ouvriers pour leurs ateliers. Le ministère se ferait infiniment d'honneur en créant de semblables établissements. En peu de temps, au moyen des revenus, on parviendrait à rembourser les sommes avancées pour les premiers frais.

TITRE III.

DES AFFRANCHIS.

La transition la plus difficile est celle de l'esclavage à la liberté. Dans l'intérêt de l'esclave, comme dans celui du maître, il m'a toujours semblé qu'il devait y avoir une condition intermédiaire entre l'esclavage et l'affranchissement. Cette condition est la servitude de la glèbe. Cela ne signifie pas qu'aucun esclave ne pourrait directement arriver à la liberté.

L'esclavage imprime une flétrissure qui n'est point l'effet du crime ou du châtiment, mais le résultat certain et naturel de cette condition. Si l'on fait aisément un esclave, il est beaucoup plus difficile de faire un homme libre, je veux dire digne de la liberté. Pourquoi l'esclave est-il paresseux? C'est parce qu'il est esclave. Pourquoi continue-t-il d'être paresseux, lorsqu'il est affranchi? C'est à cause de l'exemple, et qu'ayant été esclave pour travailler, il ne peut plus voir dans le travail qu'un ennemi de sa liberté. Le Blanc qui veut récompenser un bon Noir ne l'affranchit pas toujours; il aime mieux en faire une espèce de petit fermier sur un terrain que celui-ci doit cultiver lui-même, ou si c'est un Noir ouvrier, le maître se contente d'une somme modique que son esclave lui apporte à la fin de chaque semaine, laissant à ce dernier le surplus du bénéfice. Les esclaves qui, de cette manière, ont connu le bien-être que peut donner le travail, sont presque toujours les plus laborieux affranchis; ils ont pu se doter au moyen de leur pécule, et même payer le prix de leur liberté (1).

Voici de quelle manière se fait en général l'affranchissement des esclaves. Le maître est tenu de constituer une dotation au Noir qu'il veut rendre libre. En outre, il verse une certaine somme destinée à former un fonds de secours pour les affranchis. Il résulte de cet ordre de choses qu'après avoir mangé leur dotation, beaucoup d'affranchis retombent à la charge de la caisse des secours, ou à la charge de la société. Il est inutile d'ajouter que cette population ne donne pas en général l'exemple des bonnes mœurs, quoiqu'on y trouve des familles infiniment recommandables. Les vices des hommes de couleur libres ont leur source dans l'esclavage; une liberté paresseuse n'est pas le moyen de retremper leur moral, que l'esclavage a dégradé.

Il est donc essentiel de changer, ou plutôt de perfectionner le système actuel d'affranchissement. Au lieu de donner gratuitement la liberté aux esclaves, il est plus avantageux pour eux-mêmes de la leur vendre, ou plutôt il faut leur faire comprendre que c'est avec leur travail qu'ils auront à s'acquitter. Mais, dans leur propre intérêt, gardons-nous de leur accorder tout d'un coup, ou dans un seul jour, le salaire des services qu'ils auront pu rendre. Ce serait leur donner trop à-la-fois. L'acquisition de la liberté par le travail doit s'opérer avec une sage lenteur. Seulement il faut que l'esclave reconnaisse, immédiatement et sans délai, les avantages que le travail lui doit procurer. Ce n'est point la récolte qu'on fera dans dix ans qu'on peut lui promettre, mais une portion à peu près journalière, quelque faible qu'elle puisse être, dans les produits qu'on peut tout de suite récolter. S'ils craignent que les Noirs fassent un mauvais usage de leur pécule, les maîtres peuvent le consigner dans une caisse qui

(1) *Voyage aux Colonies orientales.*

serait ouverte à cet effet. Que l'esclave ne cesse point de travailler à mesure que sa condition s'améliore. C'est au travail qu'il doit chaque jour un nouveau bienfait. Loin d'en éprouver la moindre réduction, la fortune du maître s'accroît avec le bien-être, avec l'industrie de ses serviteurs. Devenus entièrement libres, rien ne s'oppose à ce qu'ils continuent d'être les métayers ou les fermiers du maître.

A Saint-Domingue, les Noirs qui n'ont pas eu part aux concessions des habitations confisquées sur les Blancs, y sont attachés comme fermiers. Loin de perdre, on a gagné de part et d'autre à ce genre d'exploitation.

A Bourbon, comme je l'ai déja dit, on commence à faire emploi d'Indiens libres salariés. Les moyens que nous proposons feraient arriver les esclaves à la même condition que ces Indiens; de cette manière, les colonies n'auraient plus à craindre le concours des pays dont les produits abondent d'autant plus, qu'ils sont dus aux mains de la liberté.

CHAPITRE PREMIER.

DISPOSITIONS GÉNÉRALES. DES FORMALITÉS NÉCESSAIRES A L'AFFRANCHISSEMENT.

ART. 112.

Aucun affranchissement ne peut avoir lieu sans l'autorisation du gouverneur de la colonie d'après la proposition du conseil municipal de la commune où l'esclave est récensé. Le maire transmettra cette proposition au gouverneur.

La partie de cet article, qui réclame l'autorisation du gouverneur, est conforme aux réglements actuels; mais ceux-ci ne font point intervenir les communes dans l'affranchissement. C'est une faute de l'ancienne législation. Les communes doivent savoir parfaitement si l'on donne un bon ou un mauvais sujet à la société. En les consultant, il est certain qu'elles ne verront point leurs affranchis d'un mauvais œil. Ce serait un grand avantage pour les hommes libres de couleur.

ART. 113.

Dans les quinze jours de la demande adressée par le propriétaire au maire de la commune, celui-ci sera tenu de convoquer le conseil municipal pour délibérer sur ladite demande, sans avoir besoin de l'autorisation du gouverneur pour cette convocation.

ART. 114.

Le propriétaire qui voudra affranchir son esclave sera tenu d'en informer le public par avis inséré dans le journal de la colonie affecté à ces insertions. L'avis sera renouvelé de huitaine en huitaine. L'affranchissement ne pourra avoir lieu qu'un mois après la deuxième publication.

Cela est conforme à l'usage établi, à cause des créanciers ou autres personnes qui auraient le droit de s'opposer à l'affranchissement.

ART. 115.

Les affranchissements par testament ne seront valables qu'après avoir été confirmés par le tribunal de première instance, lequel, avant de prononcer, pourra ordonner qu'une enquête soit faite au domicile du défunt, ou au lieu qui serait habité par son esclave.

On aurait tort de croire l'auteur du Projet plus avare de liberté que les réglements actuels, qui ne renferment aucune disposition pareille à celle de l'article 115. Il est de l'intérêt des hommes de couleur que la liberté ne soit donnée qu'aux bons sujets. Beaucoup de Blancs, en mourant, affranchissent de préférence leurs concubines, qui continuent de vivre dans la débauche. Il n'y a pas d'inconvénient à refuser la liberté aux prostituées. En rendant de la considération aux affranchis, on facilitera le rapprochement entre la classe des Blancs et celle des hommes de couleur.

ART. 116.

L'esclave ou le serf qui aura rendu de grands services à la colonie, pourra être affranchi sur la demande du conseil général, qui en fera évaluer le prix par arbitres pour le payer à son maître.

ART. 117.

L'affranchissement a lieu de plein droit par le mariage d'un Blanc ou d'une Blanche, d'un homme ou d'une femme libre de couleur, avec son esclave.

Les anciennes ordonnances permettaient le mariage d'un Blanc avec une Négresse; d'autres ordonnances l'ont ensuite défendu. On se récriera peut-être dans les colonies contre cet article. Qu'on veuille remarquer qu'on ne force ici personne à prendre une femme de couleur, pas plus qu'on n'oblige les Européens à se mésallier; mais il serait injuste de les en empêcher.

ART. 118.

L'affranchissement des serfs sera plus puissamment encouragé que l'affranchissement des esclaves. A cet égard, le conseil général et les conseils municipaux seront invités par l'autorité administrative à indiquer les moyens les plus capables de faciliter la première espèce d'affranchissement.

ART. 119.

Aucun serf ou esclave ne pourra être affranchi, s'il est reconnu qu'il n'a aucun moyen d'existence, provenant soit du pécule qu'il a pu acquérir, soit d'une dotation constituée par son maître, soit d'une industrie qui puisse y suppléer. Le montant de la dotation de l'affranchi sera déterminé par le conseil général de la colonie, sur les propositions de l'administration.

ART. 120.

Seront préférablement affranchis les serfs ou esclaves qui, au moyen de leur travail journalier, auront acquis le prix de leur liberté.

ART. 121.

En conséquence de la disposition qui précède, il sera ouvert, dans chaque commune, une caisse de consignation pour le pécule des serfs ou esclaves que le propriétaire destinera à l'affranchissement.

ART. 122.

Cette caisse sera sous la surveillance du maire et d'une commission nommée par le conseil municipal. Une caisse centrale, si la chose paraît plus avantageuse, sera établie sous la surveillance du conseil général. L'administrateur de cette caisse sera nommé par le gouverneur de la colonie.

ART. 123.

L'esclave ou le serf pourra consigner, dans la caisse du pécule, les sommes qu'il aura gagnées par son industrie, mais à charge par l'administrateur d'en donner avis, dans le délai de trois jours, au propriétaire du serf ou de l'esclave.

ART. 124.

A l'époque où le maître jugera à propos d'accorder la liberté à son esclave, le pécule fourni pour sa dotation, ou pour y contribuer, sera mis à la disposition de l'affranchi, à moins qu'il ne convienne au maître de déclarer que l'intérêt du capital sera seulement payé audit affranchi pendant sa vie, sans préjudice du droit des héritiers sur le principal. Quant au pécule consigné par l'esclave, le capital ne peut lui en être refusé.

La disposition restrictive contenue dans cet article est dans l'intérêt de la société et dans celui de l'affranchi, pour qu'il ne dissipe point sa dotation.

ART. 125.

Si l'esclave meurt avant d'avoir été affranchi, les sommes consignées par le maître lui reviennent de plein droit. Le pécule consigné par le serf ou par l'esclave continuera d'être consigné au profit de ses enfants issus d'un légitime mariage ou reconnus par mariage. Si l'un des époux survit à l'autre, la moitié du pécule demeurera consignée au profit du survivant. Il est entendu que le mari et la femme ne peuvent être affranchis l'un sans l'autre.

ART. 126.

En cas de décès du serf ou de l'esclave sans femme ni enfants, le pécule qu'il aura consigné reviendra à la masse générale des secours pour les affranchis.

Il ne faut pas que le pécule consigné par les esclaves revienne aux maîtres, qui pourraient être tentés d'en profiter, sans accorder la liberté.

ART. 127.

Ces secours seront distribués, dans chaque commune, par le maire assisté du patron des Noirs et du plus âgé des notables syndics.

ART. 128.

Les propriétaires d'habitations seront engagés à former des métairies et des fermes sur leurs propriétés. Les serfs seront préférablement choisis pour être métayers ou fermiers du maître.

ART. 129.

Le serf ne pourra être forcé à devenir métayer ou fermier d'une autre propriété que celle à laquelle il a été attaché.

ART. 130.

Le propriétaire fera au patron des Noirs une déclaration écrite, où il expliquera la nature des arrangements par lui pris avec son fermier ou métayer. Il est défendu au maître d'exiger du métayer ou fermier aucun service qui soit contraire aux bonnes mœurs. Le patron des Noirs veillera à ce que l'arrangement ne soit pas trop onéreux pour le métayer ou fermier.

ART. 131.

La qualité de fermier ou de métayer, donnée au serf, sera une des manières de le préparer à l'affranchissement.

ART. 132.

Afin d'en donner l'exemple aux habitants des colonies, l'affranchissement par la retenue ou la consignation du pécule sera pratiqué dans les fermes expérimentales d'agriculture. Des portions desdites fermes seront également concédées à des serfs pour en jouir et les exploiter, soit sous le titre de métayer, soit sous le titre de fermier. La liberté sera, de cette manière, accordée aux meilleurs sujets. Des encouragements seront encore accordés aux autres Noirs de l'exploitation.

Par ce moyen, la population des serfs sortira successivement de la ferme expérimentale. On pourra, soit leur acheter, soit leur concéder de petites propriétés, ou les établir d'une autre manière. D'autres Noirs seront, à leur tour, formés dans la même école de travail et de civilisation.

ART. 133.

Des récompenses honorifiques seront accordées aux propriétaires qui, par les moyens les plus avantageux à la société, auront le plus concouru à l'affranchissement des serfs et des esclaves.

Il est superflu d'ajouter à ces diverses dispositions que le serf ou l'esclave pourra toujours traiter de gré à gré avec son maître pour l'acquisition de sa liberté. Il est également inutile de dire que le maître de l'esclave ne peut l'affranchir, sans avoir l'âge requis pour disposer de sa propriété.

CHAPITRE II.

DES DROITS DES AFFRANCHIS.

Dans les colonies espagnoles, l'affranchissement s'opère avec la plus grande facilité. Mêlés avec les Blancs, les hommes de couleur sont bientôt admis aux mêmes prérogatives. Il n'en peut être ainsi dans nos établissements, où la distance est plus grande du Blanc au Noir, beaucoup plus grande encore aux États-Unis et dans les colonies anglaises. A raison de l'élévation où les Blancs se trouvent placés par les sentiments ou par les institutions qu'ils ont reçues de la métropole, il leur est difficile de ne pas voir au-dessous d'eux celui qui, la veille, était leur esclave. Cela n'est point un préjugé. L'homme sorti de l'esclavage est-il au même degré de l'échelle sociale, que celui qui reçut le jour au sein de la liberté? Il faut du temps pour se régénérer. Les descendants des Grecs vaudront mieux que les Grecs d'aujourd'hui. Je n'ai pas voulu dire qu'on ne devait pas tendre une main généreuse aux hommes de couleur; mais peut-on, à l'instant même où ils obtiennent le don de la liberté, leur en accorder les plus hautes prérogatives?

A l'appui de leurs prétentions, les hommes de couleur exhument d'anciennes ordonnances qui leur garantiraient les immunités et priviléges dont les Blancs jouiraient eux-mêmes. En supposant que ces ordonnances ne sont pas modifiées par d'autres dispositions, ne sont-elles pas l'ouvrage d'une époque où l'on était loin des idées que nous avons eues depuis en matière de droits politiques et de liberté? C'est dans les colonies où les droits politiques ont le plus d'étendue, que la différence est le plus marquée entre les Blancs et les hommes de couleur.

Mais les anciennes ordonnances sont-elles aussi prodigues de liberté qu'on l'imagine? Si les articles 57 et 59 de l'Édit de mars 1685 accordent aux affranchis les mêmes droits qu'aux Blancs, l'article 9 ordonne que : « les maîtres qui auront eu des « enfants de leur concubinage avec leurs esclaves soient con- « damnés chacun à une amende de deux mille livres de sucre; « qu'outre l'amende, ils soient privés de l'esclave et de ses en- « fants; que ceux-ci et leur mère soient confisqués au profit de « l'hôpital *sans jamais pouvoir être affranchis.* »

La plupart des hommes de couleur sont des Mulâtres, c'est-à-dire des fruits d'unions illégitimes. Que fût-il arrivé si l'on eût fidèlement exécuté l'ordonnance? qu'arriverait-il encore si l'on s'avisait de la ressusciter? Que pas un Mulâtre n'eût pu être affranchi, et que pas un ne pourrait l'être (1).

Ainsi les hommes qui, dans le droit rigoureux, n'auraient jamais dû jouir de la liberté, sont pour la plupart ceux qui en réclament les prérogatives. Mais d'autres dispositions ont modifié l'ordonnance de 1685. L'Édit de 1724 défend aux Blancs de faire, en faveur des affranchis, aucune disposition entre-vifs, ou par testament. Un arrêt du conseil de 1728 leur interdit le mariage avec les Blancs, etc., etc. Les hommes de couleur sont donc mal conseillés, lorsqu'on leur fait invoquer des lois, qui, remises en vigueur, frapperaient beaucoup d'affranchis de la peine de confiscation au profit des hôpitaux, ou les excluraient de la participation aux droits civils qu'ils doivent être le plus

(1) L'Édit de 1685 prescrit au maître d'épouser l'esclave qu'il a rendue mère, mais bien entendu dans le cas où il ne serait pas déja marié. La plupart des mulâtres qui sont enfants adultérins se trouveraient donc dévolus à l'esclavage. D'autres dispositions défendent aux Blancs de se marier avec leurs esclaves, etc., etc.

jaloux d'exercer. Ce n'est point avec les anciennes ordonnances qu'il faut venir au secours des hommes de couleur.

En fait, il est constant que l'enfant de l'esclavage ne vaut pas l'enfant de la liberté. Celui qui sort du sein d'une esclave n'a point de parents dans la société où on le fait entrer : c'est un étranger qu'on y veut bien admettre, et qui ne peut avoir sur-le-champ tous les droits de la cité. Il est de l'intérêt même des hommes de couleur que les prérogatives de la liberté ne soient point abandonnées sans réserve et sans distinction à tous les affranchis; il est de l'intérêt général que de telles faveurs ne soient accordées qu'après un temps d'épreuve et aux plus méritants, pour exciter l'émulation au travail et aux vertus civiques dans la classe des affranchis. Les Blancs ne se refuseront point à accorder des droits plus étendus aux hommes de couleur, lorsque cela sera sans aucune espèce de danger pour la société. Parmi les Noirs, ou Mulâtres libres, il en est d'infiniment recommandables, comme je crois l'avoir déja dit. A l'île de France, on cite un Noir de race africaine pure, M. Lislet Geoffroy, capitaine du génie, et correspondant de l'Académie des sciences, homme non moins instruit que bon père de famille et bon citoyen.

D'après ces observations toutes fondées sur des faits, il nous a semblé qu'il convenait d'établir différents degrés entre les affranchis, pour la participation aux droits politiques. Quant aux droits civils, ils doivent leur être accordés sans aucune restriction, sauf le cas prévu, dans leur intérêt, par l'article 134 du Projet. Par exemple, pourquoi défendre aux Blancs de faire des dispositions entre-vifs ou par testament en faveur des hommes de couleur, puisque c'est un moyen d'améliorer la condition de ces derniers, sans que l'intérêt de personne puisse être compromis?

ART. 134.

Les affranchis au premier degré sont ceux qui auront été serfs ou esclaves. Ils seront, même à leur majorité, quant à l'exercice des droits civils, assimilés aux mineurs émancipés, sans qu'ils puissent perdre le bienfait de l'émancipation. Le maître leur tiendra lieu de curateur sous le nom de *Patron*, et leur accordera toutes les autorisations pour lesquelles les mineurs émancipés ont besoin de recourir aux tribunaux ou au conseil de famille. En cas d'impossibilité ou d'incapacité, il leur sera nommé un Patron par le tribunal de première instance, à la requête, soit du maître, soit du Patron des Noirs, qui sera dispensé de ce patronage particulier.

La restriction mise, dans cet article, à la jouissance des droits civils, a pour objet d'empêcher l'affranchi de dissiper la dotation que lui accorde son maître. Le patronage sous lequel il serait placé ne lui impose aucunes charges, aucuns services envers son patron. Il importe beaucoup qu'une fois affranchis, les Noirs ne retombent point à la charge de la société.

ART. 135.

Sont affranchis au deuxième degré les hommes de couleur nés en légitime mariage de père et de mère libres, ou que leurs père et mère libres ont reconnus par mariage. Ils jouiront, sans aucune réserve, des mêmes droits civils que les habitants blancs d'origine française ou naturalisés dans la colonie.

ART. 136.

Sans avoir besoin de remplir les formalités prescrites par les articles 112, 113 et 114, les affranchis au premier degré auront la faculté d'affranchir, à leur tour, ceux de leurs enfants qui leur auront été donnés comme esclaves, pourvu que lesdits enfants soient issus d'un mariage légitime, ou qu'ils aient été reconnus par les deux époux.

Les distinctions établies par cet article sont dans l'intérêt des bonnes mœurs. Quand on affranchit un Noir, on lui donne quelquefois ses enfants pour esclaves. C'est le moyen de leur assurer un jour la liberté. Il pourrait sembler juste, en affranchissant un esclave, d'étendre le bienfait de la liberté à tous ses enfants; mais cela serait quelquefois impossible. En effet, le père et la mère, au moment de l'affranchissement, peuvent avoir des enfants appartenant à d'autres maîtres, ou des enfants mauvais sujets. Enfin, en affranchissant de vieux serviteurs, le maître peut fort bien ne pas être assez riche pour accorder la liberté à toute la famille.

ART. 137.

Les enfants naturels qui n'appartiennent qu'à un seul des époux, reconnus ou non reconnus, ne pourront être affranchis qu'en remplissant les formalités prescrites par les articles 112, 113 et 114.

L'enfant naturel et non reconnu par mariage, né d'une affranchie au deuxième degré, sera considéré comme affranchi au premier degré.

Il en sera de même de l'enfant né de père et mère inconnus.

Ces distinctions sont encore dans l'intérêt des bonnes mœurs.

ART. 138.

Les affranchis au premier degré, quoique placés sous la protection des lois, ne jouiront point, dans toute leur étendue, des droits politiques accordés aux autres habitants libres des colonies. Ils seront appelés à faire partie des milices de la colonie, où ils formeront des compagnies particulières sous le nom de Compagnies d'hommes de couleur. Ils seront habiles à occuper les emplois de sous-officiers.

C'est ce qui a lieu aujourd'hui; mais la distinction en affranchis du premier et du deuxième degré n'existe que dans ce Projet.

ART. 139.

Dans le cas de services imminents rendus à la colonie, ils seront admis à jouir des mêmes droits politiques que les affranchis au deuxième degré, après avoir préalablement obtenu des lettres d'*ingénuité* du conseil général de la colonie, et confirmées par le gouverneur.

ART. 140.

Les affranchis au deuxième degré feront également partie des compagnies d'hommes de couleur dans les milices ou gardes nationales de la colonie; ils y rempliront au moins la moitié des places d'officier. Ils seront habiles, comme les Blancs eux-mêmes, aux emplois d'officier dans les armées de terre et de mer, à exercer les fonctions d'avocat, d'avoué, de notaire, de commissaire-priseur, de greffier de justice de paix, des tribunaux et cours royales, et toutes les fonctions analogues.

Cet article confère des droits que l'on conteste aujourd'hui à la classe des affranchis. En établissant la distinction du premier et du deuxième degré, la faveur accordée n'a plus aucune espèce de danger, parce que les affranchis au deuxième degré ont une famille, un intérêt à l'ordre de la société. Il importe beaucoup de distinguer entre les offices publics, et les magistratures publiques. Dans l'art. 140, il n'est point question des magistratures pour lesquelles certaines conditions ou garanties doivent être exigées. C'est encore pour n'avoir pas fait cette distinction, que les Blancs s'effraient de la participation des affranchis aux droits dont ils jouissent eux-mêmes.

On n'a point parlé, dans l'article, de l'état d'ecclésiastique, ni de celui de médecin, que tout affranchi doit avoir le droit d'exercer.

ART. 141.

Seront admis, ainsi que leurs enfants, à jouir de tous les droits politiques dont les Blancs jouissent eux-mêmes, et habiles à remplir toutes les charges et magistratures coloniales :

Les affranchis qui auront rempli pendant dix ans les fonctions d'officier dans les milices coloniales ou dans les armées soit de terre, soit de mer, sans avoir été cassés ou destitués de leurs fonctions, à moins qu'ils n'aient obtenu leur réintégration, et dont la bonne conduite sera notoire ;

Ceux qui auront obtenu la décoration de la légion d'honneur ;

Ceux qui, pendant dix ans, auront exercé les fonctions d'avocat, d'avoué, de notaire, ou autres fonctions analogues, et qui présenteront un certificat de bonnes mœurs et de probité, souscrit par le maire de leur commune, et approuvé par le procureur général;

Ceux qui, comme propriétaires d'esclaves, auront été mentionnés trois fois honorablement, dans l'espace de dix ans, par le conseil général de la colonie, pour les améliorations dont il est parlé aux art. 71 et suivants, chapitre IV, et qui d'ailleurs n'auront été frappés d'aucune condamnation infamante;

Ceux qui, comme négociants, auront été portés, pendant dix ans, sur la liste des patentés de première classe, et qui n'auront fait ni faillite, ni banqueroute, à moins qu'ils n'aient obtenu leur réhabilitation;

Ceux qui, pendant le même temps, auront rempli les fonctions d'instituteur et de professeur dans les lettres ou les sciences, et qui seront porteurs d'une déclaration du conseil municipal de leur commune, attestant leur bonne conduite et les services qu'ils auront rendus à leurs concitoyens.

Il sera nécessaire de déterminer par qui et de quelle manière le certificat de bonne conduite devra être accordé aux officiers de terre et de mer.

ART. 142.

Dans le cas de services éminents rendus à la colonie, l'affranchi, sur la demande du conseil général, sera admis à participer aux mêmes droits que les personnes désignées dans l'article précédent.

ART. 143.

Les affranchis non compris dans les articles précédents ne seront admis à jouir de l'intégralité des droits politiques qu'en obtenant des lettres de citoyen de la colonie.

ART. 144.

La demande de ces lettres sera adressée au maire de la commune, qui, après une enquête faite par trois notables syndics, adressera le placet et le procès-verbal d'enquête au gouverneur de la colonie. Ce dernier, après en avoir référé au conseil général, transmettra à l'impétrant la résolution qui aura été prise à son égard.

Les articles 143 et 144 ont pour objet d'étendre au besoin les catégories établies par l'art. 141. Nos colonies ne sont pas toutes dans les mêmes dispositions à l'égard des hommes de couleur. Il en est où l'on sera plus, et d'autres où l'on sera moins généreux. Les art. 143 et 144 étendent la faveur des droits politiques, autant que chaque colonie le jugera convenable ou nécessaire.

ART. 145.

Tous les ans, le conseil général se fera présenter un rapport sur les moyens à employer pour améliorer la condition des affranchis, les instruire, leur inspirer le goût du travail et en faire des hommes utiles à leur pays.

Dans les colonies anglaises, rien n'est prescrit aux assemblées coloniales par leur constitution pour l'amélioration du sort des esclaves et des affranchis. Aussi ne fait-on rien dans ces colonies pour rapprocher les distances qui y sont plus grandes encore que dans nos établissements.

ART. 146.

Le don de la liberté est irrévocable.

DISPOSITIONS GÉNÉRALES.

ART. 147.

Toutes les dispositions des anciennes lois et ordonnances locales relatives à la police des Noirs et des affranchis qui ne sont pas rapportées par les présentes continueront d'être exécutées comme par le passé.

ART. 148.

Ce Projet sera présenté à l'examen des conseils de gouvernement et d'administration de chacune de nos colonies, pour être ensuite discuté en comité secret par le conseil général desdites colonies, et, dans celles qui n'ont pas encore de conseil général, par les comités consultatifs.

ART. 149.

Une commission nommée par S. M., sur la proposition du ministre de la marine, sera ensuite chargée de la rédaction définitive du Code Noir donné aux Colonies françaises.

SIGNALEMENT

DU

NOIR ENGAGÉ.

Nom
Sexe
Nation ou Caste
Couleur
Age
Taille
Yeux
Nez
Bouche
Menton
Cheveux (1)
Barbe
Signes particuliers (2)

(1) Indiquer, avec la couleur, s'ils sont droits ou crépus.

(2) Tatouages, blessures, marques et infirmités naturelles.

(A)

MODÈLE

D'ENGAGEMENT

POUR

LES NOIRS DÉLIVRÉS.

En présence de (*nom, prénoms et qualité du chef de service préposé à l'engagement des Noirs*)

M...... (*nom et prénoms*), cultivateur (*ou toute autre profession*), demeurant à... (*indiquer exactement le domicile*), reconnaît que le Noir (*ou la Négresse*) à qui le nom de............ a été donné, et dont le signalement est ci-contre, lui a été confié aux conditions suivantes :

1° Le sieur........... s'engage à élever et instruire le Noir ci-dessus dénommé dans la religion chrétienne, et à le traiter aussi paternellement qu'il lui sera possible; il ne pourra lui infliger d'autres corrections que celles que les parents eux-mêmes ont le droit d'infliger à leurs enfants, ou les maîtres pour l'instruction aux apprentis et élèves mineurs qui leur sont confiés.

2° Il enseignera audit Noir l'état de............ ou celui auquel il le croira plus propre; il le nourrira et entretiendra pendant toute la durée de son engagement, aussi bien que les autres serviteurs de sa maison, en lui donnant cependant un habillement qui le distinguera des esclaves.

3° A toute réquisition, il sera tenu de le représenter au patron des Noirs, qui s'informera de la manière dont le Noir est traité par son maître. En cas de mauvais traitement, ou d'inexécution des engagements que le maître s'oblige à remplir, une enquête pourra être ordonnée par le juge-de-paix, à la réquisition du patron des Noirs, et, par suite de cette enquête, les tribunaux pourront ordonner la résiliation du présent engagement.

4° Pendant les...... premières années de l'engagement, le Noir n'aura droit à aucun salaire de la part du maître auquel il est confié; mais, à partir du................ 18.., il lui sera accordé un salaire journalier, qui sera convenu à cette époque entre le maître et le patron des Noirs : moitié dudit salaire lui sera payée toutes les semaines ou tous les mois, suivant que le maître le jugera convenable. L'autre moitié sera versée tous les trois mois dans la caisse destinée à recevoir le pécule des Noirs engagés. Dans le cas où, par sa mauvaise conduite, le Noir cesserait de mériter son salaire, le patron des Noirs pourra en suspendre le paiement. Si le maître de l'engagé et le patron des Noirs n'étaient pas d'accord sur la durée de la suspension, ils s'en référeraient à deux arbitres, qui, en cas de partage d'opinion, en appelleraient un troisième, et décideraient sans appel.

5° A l'expiration de..... années, le Noir engagé sera émancipé de plein droit : cependant l'époque de son émancipation sera reculée d'autant de semaines, de mois ou d'années, qui se seront écoulés pendant la suspension de son salaire.

Fait à................. le................

(B)

MODÈLE DE RECENSEMENT.

Colonie de

Commune de

Nom du Propr.re

LIVRET

DE RECENSEMENT

POUR L'ANNÉE 18

(*Nota.* Ce format est celui qu'il convient d'adopter pour le Livret.)

(*Nota.* On imprimera sur ce côté de la feuille les articles du Code noir relatifs au recensement des esclaves.)

CHAPITRE PREMIER.

FAMILLE DU PROPRIÉTAIRE.

NOM DE FAMILLE.	PRÉNOMS.	LIEU de NAISSANCE.	ÉPOQUE de NAISSANCE.	ÉPOQUE D'ARRIVÉE dans la colonie.	PROFESSION.	OBSERVATIONS.
Des Ruisseaux	*Pierre-François*	*Paris.*	2 *janvier* 1785.	1800.	*Planteur.*	
		Marié à (ou veuf de)				
Bernard	*Virginie*	*St-Domingue.*	1er *mai* 1790.	1796.		
		Enfants (A).				(A) D'abord les garçons, ensuite les filles.
	Louis-Victor ..	*Ste-Suzanne.*	1er *déc.* 1801.	*Créole.*	*Négociant.*	
	Amédée-Auguste	*Idem.*	20 *mars* 1804.	*Id.*	*Planteur.*	
	Caroline-Marie	*St-Pierre.*	27 *juin* 1802.	*Id.*		*Mariée.*
	Léonide......	*Ste-Suzanne.*	10 *août* 1807.	*Id.*		*Mariée.*

RÉCAPITULATION.

Chefs de famille.	Homme....	1
	Femme....	1
Enfants....	Garçons...	2
	Filles	2
	TOTAL......	6
A déduire, enfants mariés ou établis (B)....		4
	RESTE......	2

(B) (C) Ils doivent fournir un recensement particulier.

Étrangers employés par le propriétaire (C).

NOM DE FAMILLE.	PRÉNOMS.	LIEU de NAISSANCE.	ÉPOQUE de NAISSANCE.	ÉPOQUE D'ARRIVÉE dans la colonie.	PROFESSION.	OBSERVATIONS.
Adams	*John*	*Liverpool.*	1800.	1814.	*Mécanicien.*	
La Roche ...	*Rodolphe*.....	*Versailles.*	1801.	1820.	*Distillateur.*	
Bertrand....	*Nicolas*	*Ste-Rose.*	1803.	*Créole.*	*Géreur.*	

CHAPITRE II.

DÉTAIL DES PROPRIÉTÉS.

1° PROPRIÉTÉS RURALES.

1° Une habitation nommée *Mon Plaisir*, contenant en superficie 89 arpents;
2° Une *idem*, *idem*, *Le Ruisseau*, *idem*, 50 *idem*.

2° PROPRIÉTÉS URBAINES.

1° Un emplacement avec (ou) sans bâtiments, rue *du Port*, n° 4;
2° Un magasin *à café* *idem*, n° 6.

3° PLANTATIONS ACTUELLES.

BOIS ET SAVANES	ARPENTS.	CÉRÉALES.	ARPENTS.	PRODUITS de la DERNIÈRE RÉCOLTE.	DENRÉES coloniales.	ARPENTS.	PRODUITS DE LA DERNIÈRE RÉCOLTE.	
Savanes cultivables	10	Blé	3	2,000 kilogr.			Sucre	50,000 kilogr.
Terrains non cultivables..	25	Manioc.........	6	25,000 »	Cannes à sucre ..	50	Rhum.........	1,000 litres.
Bois..................	23	Maïs...........	10	21,000 »			Tafia..........	2,000 »
		Riz	1	1,200 »	Café...........	10	....	1,500 kilogr.
		Patates.........	1	2,400 »	Cacao..........	1	....	520 »
					Girofle.........	2	....	750 »
Totaux......	58		21	51,600 »		63		

4° BESTIAUX ET AUTRES ANIMAUX.

Chevaux	Juments.	Poulains.	Pouliches	Anes.	Mulets.	Taureaux	Bœufs.	Vaches.	Veaux.	Génisses.	Moutons	Cabrits.	Cochons.	Volailles
4	2	1	1	2	25	2	40	12	6	7	50	33	60	600
8						67								

5° MACHINES.

1° *Une machine à vapeur de la force de* 8 *chevaux;*
2° *Un alambic de veltes.*

CHAPITRE III.

RECENSEMENT DES ESCLAVES.

OBSERVATION GÉNÉRALE. Le recensement se divise en six sections :

1re SECT. : Noirs au-dessus de 60 ans;
2e SECT. : Idem de 15 à 60;
3e SECT. : Idem au-dessous de 15 ans;
4e SECT. : Négresses au-dessus de 60 ans;
5e SECT. : Idem de 15 à 60;
6e SECT. : Idem au-dessous de 15 ans.

N° d'ordre.	NOMS.	CASTE.	AGE.	PROFESSION.	NOM du précédent propriétaire.	Son DOMICILE.	DATE de la MUTATION.	MARONAGE. Époque de disparition.	Époque de rentrée.
				1re SECTION : Noirs au-dessus de 60 ans.					
1.	*La Rose*.......	*Cafre.*	64	*Cultivateur.*	*Le Rond.*	*Ste-Rose.*	20 *janv.* 1827.	»	»
2.	*Jupiter*........	*Malgache.*	61	*Menuisier.*	*d'ancienne importation.*	»	»	»	»
3.	*Adonis*.......	*Créole.*	70	*Domestique*	*Succession.*	*St-Paul.*	10 *mai* 1828.	»	»
				ETC.	ETC.	ETC.			

N° d'ordre.	NOMS.	CASTE.	AGE.	PROFESSION.	NOM du précédent propriétaire.	Son DOMICILE.	DATE de la MUTATION.	MARONAGE. Époque de disparition.	MARONAGE. Époque de rentrée.

NOTA. L'Administration fournit des feuilles intercallaires.

RÉCAPITULATION.

1° DÉNOMBREMENT par NAISSANCES ET DÉCÈS, et par ACQUISITIONS ET VENTES.

			Noirs.	Négresses.
Le nombre des Noirs portés au dernier récensement était de			40	39
Pendant l'année il est né			2	4
Provenant d'achat, successions, etc			10	15
TOTAL			52	58
Les décès ont été de	4 Noirs.	1 Négresse.	4	6
Les ventes, cessions, etc.	»	5		
RESTE			48	52

2° DÉNOMBREMENT par AGES ET PAR SEXES.

NOIRS			NÈGRESSES		
au-dessus de 60 ans.	de 15 à 60	au-dessous de 15 ans.	au-dessus de 60 ans.	de 15 à 60	au-dessous de 15
10	30	8	11	27	14
TOTAL DES NOIRS		48	TOTAL DES NÉGRESSES		52

TOTAL GÉNÉRAL 100

3° DÉNOMBREMENT par NOIRS VALIDES et INVALIDES.

Noirs valides au-dessus de 15 ans	32	63	TOTAL 100
Négresses valides au-dessus de 15 ans	31		
Noirs invalides au-dessus de 15 ans	8	15	
Négresses invalides au-dessus de 15 ans	7		
Enfants au-dessous de 15 ans		22	

4° DÉNOMBREMENT par CASTES.

Noirs créoles	41	91	TOTAL. 100
Négresses créoles	50		
Noirs provenant d'ancienne importation	7	9	
Négresses idem	2		

5° DÉNOMBREMENT par PROFESSIONS.

Noirs attachés à la culture	87	TOTAL 100
Noirs ouvriers non attachés aux exploitations agricoles	3	
Noirs domestiques	10	

6° MARONAGE.

Noirs	3	4
Négresses	1	
Noirs rentrés	2	3
Négresses rentrées	1	
Encore absents au 1er janvier 18		1

CHAPITRE IV.

MÉNAGES FORMÉS PAR MARIAGE.

NOTA. Porter les veufs et les veuves à leur colonne, et écrire le mot *décédé* à la colonne de l'époux qui n'existe plus.

Numéro du récensement.	MARIS. Noms.	Age.	Profession.	Numéro du récensement.	FEMMES. Noms.	Age.	Profession.	DATE du MARIAGE.	Numéro du récensement.	ENFANTS VIVANTS nés du mariage. — LEURS NOMS.	AGE.	TOTAL des Enfants par ménage.
27	*Balthazar.*	40	*Cultivateur.*	80	*Brigitte.*	35	*Cultivateur.*	1820	90	*Nicolas.*	8	4
									91	*Jean-Louis.*	7	
									92	*Dorothée.*	5	
									93	*Rosette.*	2	
29	*Télémaque.*	32	*Charpentier.*	82	*Rose.*	25	*Ouvrière.*	1824	95	*Pierre.*	4	2
									96	*Dorothée.*	2	
30	*La Fleur.*	41	*Cultivateur.*	83	*Barbe.*	37	*Domestique.*	1816	97	*Eulalie.*	10	1
32	*Boniface.*	43	*Id.*	»	*Décédée.*	»	»	1818	»	»	»	»
			ETC.		ETC.		ETC.					

Numéro du recensement.	MARIS.			Numéro du recensement.	FEMMES.			DATE du MARIAGE.	Numéro du recensement.	ENFANTS VIVANTS nés depuis le mariage. — LEURS NOMS.	AGE.	TOTAL des Enfants par mariage.
	Noms.	Age.	Profession.		Noms.	Age.	Profession.					

RÉCAPITULATION.

Le nombre des mariages est de..........................

Celui des enfants vivants, de..........................

Nota. L'Administration fournit des feuilles intercallaires.

CHAPITRE V.

1° Contributions directes payées par le propriétaire.

Contribution foncière à raison de *deux maisons de ville*, ... ci	180 fr.	50 c.
Patente de classe.................................. ci		
Capitation à raison de 57 Noirs imposés ci	171	
TOTAL........	351	50

2° Détail des degrèvements, primes et encouragements accordés.

(Ce détail, si le propriétaire l'exige, sera visé par le maire.)

Certifié véritable,

Le 18

APPENDICE.

I.

OBSERVATIONS

SUR L'ADMINISTRATION DES COLONIES.

Une colonie n'est point un navire où le régime despotique soit nécessaire; mais une commune, qui, plus elle est éloignée de la métropole, plus elle a besoin de protection contre l'arbitraire. Sa force lui vient du bien-être dont elle jouit; son courage de l'affection qu'elle garde à la mère-patrie. Si les colonies ne font pas la marine, elles contribuent puissamment à la conserver. Ce sont des postes avancés en temps de guerre, des hôtelleries où l'on est heureux de trouver un refuge contre l'ennemi ou contre l'ouragan. Telle position double les forces d'une escadre. Demandez aux Anglais le cas qu'ils font de Malte, de Gibraltar, de Maurice, ou des îles de Jersey et de Guernezey, car ce sont autant de colonies pour la Grande-Bretagne. S'ils négligent quelques points insignifiants, d'autres plus importants sont pour eux l'objet d'une prédilection particulière. Il peut convenir à leur politique de maltraiter les habitants de telle colonie récemment acquise, afin de les chasser pour les remplacer par une population nouvelle; mais combien de faveurs n'accordent-ils pas à ceux dont l'attachement peut leur être utile au moment du danger!

A quelques lieues de France, nous avons un exemple de la bienveillance de l'Angleterre pour les points qu'elle a le plus d'intérêt à conserver. Cet exemple est celui des îles de Jersey et de Guernezey. Leur constitution est plus généreuse que celle de la métropole; elles s'administrent elles-mêmes sous la protection du gouvernement anglais. Il y règne un ordre admirable. La popula-

13

tion, fière de ses prérogatives, y manifeste, en *vieux langage français,* le plus vif attachement pour la Grande-Bretagne. Une milice nombreuse et continuellement exercée garde tous les points du rivage. Il n'est pas à craindre qu'elle se livre à la France, dont les deux îles ne sont cependant que des membres détachés. L'administration de Jerzey et Guernezey ne coûte absolument rien aux administrés; les contributions infiniment modérées, car c'est le pays du monde où l'on paie le moins d'impôts, se convertissent jusqu'au dernier centime en objets d'utilité publique.

J'ai voulu tout de suite citer cet exemple comme un modèle d'administration pour nos colonies. Sans doute on ne peut l'imiter dans tous ses détails, mais il nous apprend combien il serait aisé de simplifier le régime administratif de nos possessions lointaines, et d'en diminuer les dépenses. Dans aucune colonie étrangère, l'administration proprement dite n'est aussi coûteuse que dans nos établissements.

On y envoie des hommes sans doute très-capables, mais qui sont plutôt gens de métier, qu'instruits en économie coloniale; ils croient avoir fait merveille quand ils ont trouvé le moyen de faire sentir le plus souvent possible l'aiguillon de leur autorité. L'administration financière me fournira, la première, des exemples de cet esprit minutieux qui fatigue perpétuellement les colonies.

La loi de frimaire an VII sur l'enregistrement a été appliquée à nos trois principaux établissements. En donnant une date certaine aux transactions particulières, l'enregistrement est la sauvegarde du droit de propriété. Réduite à ce qu'elle devrait être, la loi de l'enregistrement serait un bienfait pour les colonies. On a modéré les droits autant qu'il était possible. C'est fort bien; mais d'un autre côté, pour faire preuve d'habileté en matière fiscale, et sans aucun avantage pour le trésor, on a étendu l'enregistrement à une multitude d'actes auxquels il n'est nullement nécessaire, c'est-à-dire qu'on a détruit tout le mérite du bienfait par les tracasseries dont il est accompagné. La loi de l'enregistrement des colonies, pire que celle de France, est un réseau d'arguties, dans lequel les moindres intérêts du pays se trouvent enveloppés.

La Douane s'est établie en dehors et en dedans de nos colonies : en dehors pour ne rien laisser entrer qui ne soit soumis à un droit, ou plutôt à plusieurs espèces de droits ; en dedans pour frapper également de plusieurs droits les denrées coloniales livrées à l'exportation. Dieu sait aussi combien d'écritures pour recevoir une barrique de vin, pour expédier un boucaut de sucre ou une balle de café ! Aussi indépendamment des droits de Douane, les cultivateurs se plaignent-ils des frais énormes de commission, genre d'impôt résultant en grande partie des formalités administratives.

Sans aucun inconvénient pour le trésor, il ne serait pas plus difficile de simplifier la Douane que l'enregistrement.

Dans les Antilles anglaises, la Douane n'impose aucun droit aux produits du pays à leur sortie. Elle ne demande rien sur la plupart des articles venant de la métropole. Elle perçoit seulement un impôt sur les boissons spiritueuses, et sur les marchandises étrangères, faciles à reconnaître et à dénombrer.

En voulant tout atteindre, si les frais de perception absorbent une partie des revenus, mieux vaut renoncer à l'impôt, et se borner, comme on vient de le dire, aux articles dont le dénombrement est facile. Cela n'exigera que peu de soins et d'employés.

En supprimant l'impôt à la sortie des colonies, on le retrouve à l'entrée dans les ports de la métropole, où l'on peut élever le taux du droit. On tiendrait compte aux colonies de leur part contributive, en ne leur faisant aucune demande pour les frais de protection qui, comme en Angleterre, seraient entièrement à la charge de la métropole.

Je me bornerai à ces deux exemples en matière d'impôt. Il serait facile de citer d'autres erreurs du même genre. On doit, en grande partie, attribuer la perte de l'île de France à cette habileté de bureau qui, ne portant pas les yeux au-delà des colonnes d'un

13.

tarif, ne sait que multiplier les articles et les détails de la perception. Au lieu d'ouvrir la barrière à l'un, et de la fermer à l'autre, si l'on eût fait un port franc de l'île de France, peu importante d'ailleurs par les produits de son territoire, cette colonie fût devenue l'entrepôt de l'univers entier; les capitaux de toute nature y eussent afflué, on y eût adoré la France. Elle se fût hérissée de forts, et au besoin de baïonnettes, contre le téméraire qui eût voulu la ravir à la métropole.

L'administration financière de nos possessions coloniales a beaucoup trop d'importance pour leur étendue, c'est un habit trop grand pour leur taille. La France rendrait un vrai service à ses Colonies, si elle la leur retirait à peu près tout entière, en se bornant à la surveillance qu'elle doit exercer dans l'intérêt de son commerce. Qu'on laisse aux colonies le soin de se partager et de recouvrer leurs impôts avec les garanties que la métropole est en droit d'exiger.

Qu'on leur accorde aussi plus de confiance pour les autres branches d'administration intérieure; des améliorations considérables sont déja faites. Le bienfait du gouvernement représentatif devrait s'étendre aux communes, en évitant avec soin tout ce qui peut compromettre la tranquillité publique. Dans les colonies, le droit de représenter sa commune doit être plus restreint qu'en France, parce qu'il y existe une population nombreuse qui n'a que peu ou pas d'intérêt à l'ordre de la société.

On voit dans le Projet de Code noir, que tout le bien qu'on peut faire en faveur de l'humanité, résulte d'une bonne organisation municipale. Au reste, toutes les parties du service administratif contribuent au même résultat.

La même observation s'applique à l'organisation judiciaire; on se rappellera ce que nous avons dit sur ce sujet important dans les notes à l'appui de notre Projet. Avec les meilleures intentions du monde, la philantropie s'est méprise en montrant une défiance injurieuse aux habitants des colonies.

Ces diverses améliorations, qu'il est facile de faire dans l'organisation intérieure de nos colonies, diminueraient beaucoup leurs dépenses. La confiance accordée aux colons les attacherait à leur pays, en même temps que l'on accroîtrait leur affection pour la métropole. Par-dessus toute chose, il importe de leur donner la plus grande sécurité pour l'avenir. C'est en employant de tels moyens qu'on rendra bientôt la traite inutile, qu'on intéressera de plus en plus les maîtres au bien-être de leurs serviteurs, et qu'un jour l'esclavage cessera d'exister dans les Colonies françaises.

II.

OBSERVATIONS GÉNÉRALES

SUR LE COMMERCE DE LA FRANCE ET SUR CELUI DES COLONIES EN PARTICULIER.

Les questions commerciales ne sont point étrangères aux desseins qu'on se propose en faveur de l'humanité. Dans les observations qui précèdent, nous avons dit que les colonies avaient besoin d'une grande sécurité pour l'avenir, sécurité qui ne se borne point à la tranquillité intérieure; mais qui s'étend aussi à la conservation des fortunes, si nécessaire au bien qu'on veut opérer.

Dans le cas où la métropole ne ménagerait point assez les intérêts de ses colonies dans les mesures qu'elle est ou qu'elle était disposée à prendre, ce ne serait pas un motif pour négliger ou pour ajourner l'exécution de notre Projet, puisque les moyens qu'il indique doivent concourir puissamment à la prospérité coloniale. Les améliorations proposées deviendraient, il est vrai, plus difficiles; elles le seraient encore davantage sans le concours de l'administration, que l'on doit rendre plus confiante et moins onéreuse. Espérons que le gouvernement secondera de tous ses moyens les vues de l'humanité, en les accordant avec ses autres intérêts. De cette manière seront levées les difficultés qui s'opposeraient au succès d'une généreuse entreprise.

Les observations qu'on va lire sur le commerce des colonies ne sont point nouvelles; l'auteur les a déja publiées à l'époque des travaux de la commission d'enquête (1). Tout en rendant justice aux intentions et aux lumières de M. le ministre de Commerce, nous regrettons qu'il n'ait pas envisagé sous des rapports assez étendus les questions soumises à la chambre des députés; surtout qu'il n'ait proposé pour les colonies que des mesures provisoires, sans les tranquilliser sur leur avenir. Il importait également, dans l'intérêt de l'humanité, de dégager leur commerce des entraves où il se trouve embarrassé.

Il est difficile, en se bornant à deux articles, celui des sucres et des fers, d'obtenir une solution satisfaisante pour tous les intérêts du commerce. Le régime exclusif a rendu chaque industrie dépendante ou tributaire des autres industries; toutes se paient réciproquement une contribution. En observant que tout le monde est plus ou moins engagé dans les mêmes entraves, on est forcé de reconnaître à chacun le droit à la même protection, à la même liberté, conséquemment de généraliser les questions et les principes.

Le principe général à consacrer est celui de l'émancipation du commerce sans aucune espèce de restriction. Quel est ensuite le moyen de passer sans secousse du régime exclusif au régime de la liberté? Telle est la seule question à faire, le seul problême à résoudre.

La discussion a pris un caractère peu généreux. Cela vient de ce qu'on s'est renfermé dans un petit nombre d'exceptions. Serait-

(1) *Constitutionnel du 1er février* 1829.

ce avoir beaucoup de libéralité, par exemple, que de demander l'admission des fers et des sucres de l'étranger, sans songer à dégrever d'abord nos usines et nos colonies du tribut qu'elles paient à notre ignorance ou à notre incapacité? Mieux vaut garder ses chaînes que de les rendre plus pesantes à ceux qui n'ont pas moins que nous le droit d'en être délivrés. Si l'on veut de bonne foi rentrer dans la voie de la liberté, la transaction à faire ne doit-elle pas être également avantageuse à tous les intérêts?

On a raison de se plaindre de ce que l'entretien de certaines industries est devenu par trop onéreux à la France; cependant on ne peut reprocher à personne de s'être appuyé avec trop de confiance sur le rempart de la prohibition, puisque le régime exclusif était la loi du pays. Plus la situation où l'on se trouve est extraordinaire, plus on a droit à des égards, à des ménagements dans le passage au nouvel ordre de choses qu'on veut établir. L'appui renversé, on ne peut d'un instant à l'autre sortir des ruines et relever d'autres établissements. Il est donc essentiel de considérer d'abord jusqu'à quel point l'industrie nationale qu'on veut faire concourir avec l'industrie étrangère, a souffert elle-même des effets du système prohibitif. Il importe de bien connaître la situation de nos rivaux, surtout de rechercher à quelles causes on doit attribuer leur supériorité, en examinant si les mêmes moyens ne sont pas à notre disposition; enfin, il faut prévoir le cas où il nous serait impossible de résister à la concurrence.

La liberté du commerce est sans doute un droit naturel qu'on peut toujours revendiquer; mais si une partie de ce droit a été volontairement aliénée, on ne peut la dégager sans indemnité, sans dédommagement préalable; telle est la loi des contrats, loi non moins impérieuse pour les nations que pour les individus.

Ces principes, que tout le monde comprendra en France, seront ceux des véritables amis de l'ordre et de la liberté : ce sont les seuls à suivre pour rentrer dans la voie dont nous nous sommes imprudemment écartés.

Les réductions de droits qu'on sollicite, sont presque toutes arbitraires, presque toutes exclusives, chacun voulant de la liberté pour soi, sans la réclamer également pour les autres. Du principe que nous avons posé, celui d'une émancipation générale, et des ménagements auquel tout le monde a droit dans le passage au nouvel ordre de choses, résulte la nécessité, non pas de renoncer à toute espèce de douanes, mais à toute espèce de prohibition. On ne peut autrement fonder la liberté.

Que ces doctrines soient donc fortement établies, hautement proclamées. Ce sont, en Angleterre, celles de M. Huskisson, et parmi nous aussi celles des esprits les plus justes et les plus éclairés. Hors de là ce n'est que vague, incertitude et danger pour l'avenir. Appuyés d'abord sur un principe bien autrement solide que celui de la prohibition, nous verrons beaucoup mieux ensuite avec quelle précaution et jusqu'à quel point il est convenable d'abaisser les barrières qui existent entre nous et l'étranger. Mais pour qu'on cesse de se livrer à des industries aventureuses, il importe de connaître d'une manière positive la règle à laquelle chacun devra se conformer.

Une réduction arbitraire, se bornant à un ou deux articles du tarif, sans prévoir les réductions à faire sur les autres, trahit le secret de quelque spéculation, ou démontre plus de sentiment que d'habileté dans les affaires, que de connaissance de la situation où chacun se trouve placé par l'effet du régime exclusif. La réduction, dont tout le monde reconnaît la nécessité, ne doit pas être subordonnée au besoin plus ou moins pressant de la liberté, mais à la nature des engagements que nous avons contractés. Combien de temps nous sera nécessaire pour guérir le mal causé par la prohibition, et rendre nos forces égales à celles des rivaux qu'on veut nous opposer? Voilà pour les industries qui, au moyen d'une liberté sagement accordée, finiront par n'avoir plus de concurrence à craindre. Mais combien de temps aussi pour changer l'emploi de ses capitaux, substituer une industrie à une autre, dans le cas où les établissements actuels seraient, en définitive, hors d'état de résister à l'étranger? Telles sont les difficultés que nous avons à résoudre. Un exemple, celui des sucres ou des colonies, nous fera mieux connaître la marche à suivre pour passer du régime exclusif au régime de la liberté.

Voici le contrat des colonies avec la métropole : Vous me vendrez, a dit la France à ses Colonies, le sucre et le café en échange des marchandises que j'aurai seule le privilége de fournir à vos besoins. De l'aveu de la France, les Colonies lui paient un tribut de 12 à 15 millions, particulièrement sur les fers, les tissus, les substances alimentaires, qu'elles sont obligées d'en recevoir en échange de leurs sucres. On sait encore que, dans nos établissements, les contributions intérieures s'élèvent au moins au double des contributions perçues dans les colonies étrangères. Les quatre Colonies qui nous restent paient 8 millions d'impôt; cette somme pourrait se réduire du tiers à la moitié. La charge imposée par la France à ses colonies est donc de 16 à 18 millions. La production en denrées dites coloniales ne s'élève pas à plus de 60 millions.

Les établissements étrangers paient-ils le même tribut à leur métropole? Non, sans doute. Ils achètent où bon leur semble, et au meilleur marché, les objets dont ils peuvent avoir besoin. De cet état de choses résulte nécessairement une grande différence entre la situation des Colonies françaises et celle des colonies étrangères. La production dans les unes est évidemment moins coûteuse que dans les autres; cela ne peut être contesté.

Si l'on s'accorde pour demander que la barrière s'abaisse pour les sucres étrangers, ne faut-il pas ouvrir également les ports de nos Colonies aux produits de l'étranger? Cela est d'autant plus juste que, changeant de système, la France espère aggrandir le cercle de ses opérations commerciales. Ce n'est pas d'une partie, mais c'est de la totalité du tribut payé à la France que nos Colonies doivent être déchargées, pour se mettre au niveau des colonies étrangères, qui jouissent d'ailleurs, depuis long-temps, d'une liberté que les nôtres n'ont encore qu'en expectative.

Il est encore une observation importante à faire. Les colonies étrangères n'ont plus besoin de la traite. Dans nos établissements, les vides de la population ne sont point encore remplis par les naissances. Pour parvenir au bien qu'on voudrait opérer, c'est-à-dire pour rendre la traite inutile, n'est-on pas forcé d'attendre, en sacrifiant quelque temps encore les spéculations du commerce aux droits de l'humanité? Les machines à vapeur se multiplient dans quelques-unes de nos colonies; c'est une amélioration dont les Noirs ont beaucoup profité; mais il est à remarquer que l'emploi de ces nouvelles forces a donné lieu à des frais qui ne sont point encore acquittés.

En ouvrant les ports de nos Colonies aux navires du commerce étranger, il s'établira entre elles et les établissements voisins une communauté d'intérêts, une émulation infiniment avantageuse à la cause de l'humanité.

En résumé, pour être justes, accordons à nos Colonies les avantages commerciaux dont jouissent les établissements étrangers; prenons ensuite en considération la position extraordinaire où elles ne cesseraient pas de se trouver, malgré cette première concession, sans oublier les droits sacrés de l'humanité. Enfin, il faut prévoir le cas où les colonies seraient hors d'état de soutenir la concurrence dont elles sont menacées.

Avec de puissants encouragements, j'estime que les vides de la population ne peuvent être remplis en moins de dix ans. Dans les colonies, on sait que le capital employé à une exploitation quelconque, se reproduit aussi en dix ans. Les cultures qui remplaceraient la canne à sucre, ne peuvent sur-le-champ donner d'autres produits. Une période de dix ans est donc nécessaire à nos Colonies pour opérer les améliorations ou les changements que leur industrie est susceptible d'éprouver.

Ces faits établis, c'est graduellement et par dixièmes, autrement, dans une période de dix années, qu'il sera convenable de réduire la surtaxe imposée aux sucres étrangers, en réservant une part pour les encouragements qu'on ne refusera point à nos colonies : ils peuvent s'élever jusqu'à la moitié de la surtaxe; au surplus, c'est d'après l'état de chaque colonie et la distance de la métropole qu'ils doivent être déterminés.

L'Inde ferait toujours une exception dont on trouvera les motifs dans la conduite de l'Angleterre avec ses Antilles, le respect pour les anciens contrats; en outre, il serait nécessaire de prévenir, au moins une année d'avance, les colonies du changement qu'on voudrait opérer. Toutefois, on ne saurait trop tôt ouvrir leurs ports aux marchandises de l'étranger.

Cet exemple des colonies peut, ainsi que je l'ai fait observer, indiquer la règle à suivre dans les transactions à faire pour les autres industries, qui se sont également élevées à l'aide de la prohibition. Que chacun fasse connaître l'étendue de ses droits aux ménagements qu'il peut réclamer. On arrivera de cette manière à des transactions qui prouveront à la fois notre respect pour nos premiers engagements et notre amour pour la liberté; ainsi nous parviendrons à l'émancipation du commerce. Nos enfants n'auront point un héritage incomplet; ils recevront la liberté commerciale tout entière, avec la liberté civile et religieuse, dont elle est la compagne inséparable.

FIN.

TABLE DES MATIÈRES.

FIN DE LA TABLE DES MATIÈRES.

www.ingramcontent.com/pod-product-compliance
Ingram Content Group UK Ltd.
Pitfield, Milton Keynes, MK11 3LW, UK
UKHW021546260726
13993UKWH00002B/672